Geiger | Unter der Drachenwand

Lektüreschlüssel XL

für Schülerinnen und Schüler

Dieses Buch wurde klimaneutral gedruckt.

Alle CO_2-Emissionen, die beim Druckprozess unvermeidbar entstanden sind, haben wir durch ein Klimaschutzprojekt ausgeglichen, das sich für ein Klimaschutzprojekt in Brasilien einsetzt.

Nähere Informationen finden Sie hier:

Klimaneutral
Druckprodukt
ClimatePartner.com/14058-1912-1001

Arno Geiger

Unter der Drachenwand

Von Sascha Feuchert

Reclam

Dieser Lektüreschlüssel bezieht sich auf folgende Textausgabe:
Arno Geiger: *Unter der Drachenwand*. Roman. München: dtv, 2019.

Lektüreschlüssel XL | Nr. 15524
2020 Philipp Reclam jun. Verlag GmbH,
Siemensstraße 32, 71254 Ditzingen
Druck und Bindung: Eberl & Koesel GmbH & Co. KG,
Am Buchweg 1, 87452 Altusried-Krugzell
Printed in Germany 2021
RECLAM ist eine eingetragene Marke
der Philipp Reclam jun. GmbH & Co. KG, Stuttgart
ISBN 978-3-15-015524-0

Auch als E-Book erhältlich

www.reclam.de

Inhalt

1. Schnelleinstieg 7

2. Inhaltsangabe 12

3. Figuren 44

   Grundsätzliches zu den Figuren in
   Unter der Drachenwand 46
   Erzählerfiguren 50
   Hauptfiguren 66
   Nebenfiguren 76
   Randfiguren 86

4. Form und literarische Technik 94

5. Quellen und Kontexte 102

6. Interpretationsansätze 109

7. Autor und Zeit 130

8. Rezeption 140

9. Wort- und Sacherläuterungen 146

10. Prüfungsaufgaben mit Lösungshinweisen 163

11. Literaturhinweise/Medienempfehlungen 169

12. Zentrale Begriffe und Definitionen 172

1. Schnelleinstieg

Autor	Arno Geiger (geb. 1968), österreichischer Schriftsteller
Erscheinungsjahr	2018
Gattung	Roman
Handlungszeit	Dezember 1943 bis Dezember 1944 (inkl. Rückblicke)
Erzählerische Vermittlung	Vier Ich-Erzähler, ein auktorialer Erzähler

Handlung: Der Roman hat zwei Handlungsstränge. Die Haupterzählung entfaltet sich um den anfangs knapp 24-jährigen Soldaten Veit Kolbe, der 1944 im Krieg an der Ostfront verwundet wurde und das Lazarett schließlich verlassen darf, um sich zu Hause weiter zu erholen. In Wien bei seinen Eltern hält er es aber nicht allzu lange aus und begibt sich zu seinem Onkel Johann an den Mondsee im Salzkammergut. Der Bruder seines Vaters amtiert dort als Postenkommandant der Gendarmerie und kann Veit bei einer Quartierfrau in seiner Nähe unterbringen. Der junge Mann ist vom Krieg hoch traumatisiert und erleidet immer wieder Angstanfälle, die er schließlich auf Anraten eines örtlichen Arztes mit Pervitin, einem Metaamphetamin, zu bekämpfen sucht. In der vom Krieg noch weitgehend verschonten Gegend trifft Veit zwei junge Frauen, die ihn interessieren: Margarete, eine etwa gleichaltrige Lehrerin aus Wien, die in Schwarzindien, einem kleinen Ort am See, landverschickte Mädchen beaufsichtigt und unterrichtet, und Margot, eine junge Darmstädterin, die mit einem Solda-

■ Parallelhandlungen

1. Schnelleinstieg

ten aus der Gegend verheiratet und vorübergehend zusammen mit ihrem Baby in einem Zimmer neben Veit untergebracht ist. Während Margarete ihn kalt abblitzen lässt, beginnt Kolbe mit Margot bald eine Affäre, die ihm zunehmend Halt gibt. Als Nanni Schaller, eines der landverschickten Mädel, das mit ihrem drei Jahre älteren Cousin eine Liebesbeziehung hat, verschwindet und der Onkel nur zögerlich und mit wenig Empathie ermittelt, selbst als Nanni tot aufgefunden wird, erkennt Veit immer deutlicher, dass Johann Kolbe für all das steht, was er verachtet: am ›Dritten Reich‹, am eigenen Vater, an sich. Die Situation eskaliert, als der Onkel den Regimegegner Robert Raimund Perttes, einen verschrobenen Gärtner, der Veit mit seiner Haltung tief beeindruckt, festnehmen will: Der Neffe erschießt den Onkel und befreit den »Brasilianer«, der so genannt wird, weil er ein paar Jahre in Südamerika lebte. Der Mord an dem Gendarmen bleibt unaufgeklärt und Veit kehrt nach fast einem Jahr Auszeit vom Krieg an die Front zurück. Er wird – so informieren die »Nachbemerkungen« eines fiktiven Herausgebers – den Krieg überleben und Margot heiraten.

Als Parallelhandlung, die nur lose mit den anderen Figuren verknüpft ist, wird vom Schicksal des jüdischen Zahntechnikers Oskar Meyer und seiner Familie berichtet. Meyer hat einmal in derselben Gasse in Wien gewohnt wie Veit Kolbe, bevor die Judenverfolgung einsetzte. Die fortgesetzten Erniedrigungen und die enorme Gefahr, deportiert zu werden, bringen ihn 1942 dazu, mit seiner Frau Wally und seinem Sohn Georg nach Budapest zu fliehen (ein weiterer Sohn, Bernhard, konnte ins Exil nach England gehen). In Budapest geht es der Familie zunächst etwas besser. Doch 1944 marschieren die Deutschen ein und die Verfolgungen beginnen von Neuem mit großer Brutalität: Seine Frau und sein Sohn geraten in eine Razzia und werden – wie aus den »Nachbemerkungen« zu erfahren ist – nach Auschwitz deportiert und ermordet, Oskar selbst wird als Zwangsarbeiter ins Deutsche Reich verschleppt und muss am Bau des Südostwalls mitwirken. Auch er wird den Krieg und den Holocaust nicht überleben.

Werkaufbau: Die Handlung wird nicht aus einer übergeordneten Perspektive vermittelt, sondern es kommen vier Ich-Erzähler zu Wort: Der wichtigste ist Veit Kolbe, der in einem (offenbar überarbeiteten) Tagebuch über seine Zeit in Mondsee berichtet. Ergänzend zu seinen Schilderungen treten Briefe von Margots Mutter Lore Neff, die über das Leben im vom Luftkrieg erschütterten Darmstadt und über Margots Familie berichtet, sowie von Kurt Ritler, der mit seiner 13 Jahre alten Cousine Nanni Schaller eine erste Liebe gefunden hat, die tragisch endet.

■ Vier Ich-Erzähler

Der zweite Erzählstrang wird durch die Briefe und Tagebuchaufzeichnungen Oskar Meyers vermittelt, der vom Schicksal seiner Familie in Wien und Budapest berichtet und dessen Stimme ein letztes Mal zu vernehmen ist, als er in Hainburg zur Zwangsarbeit angekommen ist. Noch einmal wird er danach in Veits Tagebuch erscheinen, der ihm zufällig begegnet, ohne ihn freilich zu (er-)kennen. Nur an dieser Stelle sind die beiden Erzählstränge direkt verbunden.

Abgeschlossen wird der Roman von den Nachbemerkungen eines fiktiven Herausgebers, der über den weiteren Lebensweg der wichtigsten Figuren informiert.

■ Fiktiver Herausgeber

1. Schnelleinstieg

Arno Geigers Roman wurde nach seiner Publikation sofort stürmisch von der Kritik gefeiert: Geigers Entscheidung, die Ereignisse dominant von Erzählern vermitteln zu lassen, die noch nicht wissen, wie und wann der Krieg enden wird und ob sie selbst ihn überleben werden, überzeugte die Rezensenten offenbar vollends. Geiger sammelte über ein Jahrzehnt hinweg Briefe und Tagebücher aus der Zeit und studierte sie genau, um diese Perspektive(n) überzeugend zu konstruieren. Dem Roman gelingt es damit, Fragen zu stellen, die auch für heutige Leser noch hoch relevant sind: Wo beginnt die Verantwortung des Einzelnen, was darf er tun, um sich einem Geschehen zu entziehen, das er für falsch und zutiefst inhuman hält? Wo beginnt die Mitwirkung an einem Verbrechen? Gibt es die Rolle des Zuschauers in einem solchen Geschehen überhaupt? Und: Welche Kraft hat die menschliche Liebe in Zeiten wie diesen wirklich?

■ Lange Recherche

Mithilfe einer genauen Rekonstruktion der Handlung und der sorgsamen Analyse der komplexen erzählerischen Vermittlung will dieser Lektüreschlüssel versuchen, auch diese weiterreichenden Fragen freizulegen und im Kontext des Romangeschehens zu problematisieren. Immer wieder kann dabei auf Aussagen des Autors zurückgegriffen werden, der in einem Interview Aufschluss über seine Motivation und seine Arbeitsweise gegeben hat.[1] Auch wenn der Leser letztendlich ›den Text macht‹, indem er mit seiner Phantasie und mit

---

1 Arno Geiger sei ausdrücklich gedankt für die Geduld und Sorgfalt, mit der er Fragen für diesen Lektüreschlüssel beantwortet hat.

1. Schnelleinstieg

seinem Wissen die Leerstellen[2] füllt, die jeder Text lässt bzw. lassen muss, kann (nicht muss!) die Stimme des Autors eine wichtige zusätzliche Ressource für das Verständnis und die eigene Interpretation sein.

---

2 Der Schlüsselbegriff der Rezeptionsästhetik stammt von Wolfgang Iser (1926–2007) und bezeichnet jene ›Lücken‹ im Text, die zwangsläufig durch die Versprachlichung und erzählerische Vermittlung (auch intentional durch den Autor) bleiben und vom Leser / der Leserin in der Imagination aufgefüllt werden müssen.

2. Inhaltsangabe

Plötzlicher Beginn

Im Himmel, ganz oben: Der Roman beginnt plötzlich (*medias in res*) und dramatisch: Rückblickend erzählt Veit Kolbe vom Moment seiner Verwundung im Russlandfeldzug, bei der er sich Wunden an der Wange, unter der Schulter, am Kiefer und vor allem am Oberschenkel zuzieht (S. 7). Die Nächte im saarländischen Lazarett, in das er transportiert wird, stehen in denkbar größtem Kontrast zu jenen an der Ostfront, sie erscheinen geradezu idyllisch. Und doch ist mit dieser scheinbaren Idylle einiges nicht in Ordnung: Ein »Bäckerjunge aus der Stadt« (S. 16) berichtet Kolbe, dass das Militärspital »früher ein Pflegeheim gewesen« sei, das »vor einigen Jahren geleert« wurde (S. 16).[3]

Im Laufe des ersten Kapitels wird auch deutlich, wie sehr der Krieg Veit körperlich, vor allem aber seelisch zerstört, das Soldatendasein schrumpft für ihn zusammen auf »fünf verlorene[ ] Jahre« (S. 17). Da Veit Kolbe »kein schwerer Fall« (S. 10) ist, wird er zur häuslichen Pflege heim nach Wien geschickt.

Seit meinem letzten Aufenthalt: 15 Monate war Veit nicht mehr zu Hause und die Kriegserfahrung hat ihn weit von seinen Eltern entfernt. Vor allem das Gerede

Konflikte mit Eltern

---

3 Ab 1940 wurden über 200 000 Menschen mit körperlichen, seelischen oder geistigen Behinderungen bzw. Erkrankungen systematisch von den Nationalsozialisten ermordet. 1941 wurden die Morde vor allem nach kirchlichem Protest vorübergehend unterbrochen und ab 1942 nicht mehr zentral, sondern dezentral und damit weniger sichtbar weitergeführt. Das Wissen um die Ermordung von Menschen mit einer unheilbaren Erkrankung oder einer Behinderung war weit verbreitet.

2. Inhaltsangabe

seines Vaters, eines überzeugten Nationalsozialisten und ›alten Kämpfers‹ der Partei, macht ihn wütend. Zum Symbol für seine eigene Veränderung werden ihm die vielen Fotos, die in der elterlichen Wohnung von ihm hängen: »Die Bilder hatten am Familienleben teilgenommen, ich am Krieg.« (S. 24) In seiner Heimat kommt er sich bald vor »wie ein lästiger Fremder« (S. 25), ihm scheint, dass er »den Irrsinn der Front mit dem Irrsinn der Familie vertauscht« (S. 29) habe. Veit Kolbe gerät über diese Konflikte in eine Krise, liegt »auf dem Bett ohne Antrieb, ein abgenagtes Stück Herz« (S. 23). Er beschließt, seinen Onkel Johann, der Kommandant eines Gendarmerie-Postens am Mondsee ist, darum zu bitten, ihm ein Zimmer zu besorgen, damit er den Rest seines Genesungsurlaubs in Ruhe verbringen kann. Dieser erledigt die Anfrage prompt – und gegen den Willen der Eltern macht sich Veit auf.

Eine halbe Fahrstunde von Salzburg: Veit bezieht ein kaltes, karg eingerichtetes Zimmer in einem Bauernhaus, dessen Bett einem »hin- und herschaukelnden Gerüst« (S. 34) gleicht, »das obendrein unangenehm roch«. Da Veit »reichlich mit Geld versehen« (S. 44) ist, investiert er sogleich in eine erträglichere Ausstattung. Er beschreibt ausführlich seine neue Umgebung, die ihm durchaus gefällt, und auch seine Nachbarin, die neben ihm im Bauernhaus ein Zimmer bezogen hat: Es ist eine junge Frau aus Darmstadt, die mit einem Soldaten aus der Nähe verheiratet ist und ein kleines Kind dabeihat. Von seiner Vermieterin, der schroffen und tratschenden Quartierfrau, erfährt der junge Soldat ungewollt von den gesundheitlichen Problemen der Darmstädterin. Auch einen Antrittsbesuch beim Onkel absolviert der knapp

■ Unterkunft in Mondsee

2. Inhaltsangabe

24 Jahre alte Rekonvaleszent. Zufällig begegnet er auf dem Rückweg einer großen Gruppe landverschickter Mädchen, die aus demselben Wiener Gemeindebezirk stammen wie er. Sie werden in einem Ortsteil mit dem exotischen Namen Schwarzindien untergebracht (S. 48).

In Mondsee beginnt sich Veits Verhältnis zum Krieg zu verändern: Zum einen ist er durch den Rückzug in die Provinz nur noch in einer Beobachterposition, doch zum anderen erleidet Veit, der schon daran gewöhnt war, dass sein »Körper von einer Sekunde auf die andere in einen akuten Alarmzustand wechselte« (S. 34), eine erste Panikattacke als Ausdruck seines Kriegstraumas (S. 39).

■ Panikattacke

Während der neue Ofen: Veit beginnt sich in seinem neuen Zuhause einzurichten, er legt an Gewicht zu, seine Muskeln entspannen sich. Mit dem Onkel kommt er sich offenbar näher (S. 51), sein Verwandter vertraut ihm auch an, warum er sich von seiner Ehefrau, die er »dumm« (S. 52) und »egoistisch« nennt, getrennt habe.

Veit trifft zusammen mit dem Onkel die Lehrerin der landverschickten Wiener Mädchen wieder und spricht sie mutig an. Margarete Bildstein, so ihr Name, lässt Veit aber abblitzen. Zu ihrer Distanz trägt sicher auch bei, dass Veit erstaunt wirkt und einen Moment zu lange zögert, als sie ihm erzählt, sie wohne in Wien im Heimhof (S. 54).[4]

■ Margarete und Margot

Mit seiner Zimmernachbarin, der Darmstädterin, beginnt er indes zarte Bande zu knüpfen: Sie enthüllt ihm, dass er offenbar »Selbstgespräche führ[e], [s]ein Lieblingssatz sei ›Das werden wir noch sehen!‹« (S. 59). Er

---

4 Vgl. dazu die entsprechende Anmerkung in Kapitel 9 »Wort- und Sacherläuterungen«.

2. Inhaltsangabe

wiederum hört durch die dünnen Wände, dass sie in ihrem Zimmer immer wieder weint. Das allerdings sagt er ihr nicht – aber er versucht ihr zu helfen, aus dem Weinen herauszufinden, indem er »mit Gepolter einen Stiefel zu Boden fallen [ließ], damit sie erschrak« (S. 59).

Nach einem zweitägigen kurzen Antäuschen: Veit lernt seine Quartierfrau immer besser kennen – und fürchten. Die Vermieterin ist eine aufbrausende Parteianhängerin, die im ganzen Dorf verschrien zu sein scheint (S. 60).

Veit bricht erneut nach Schwarzindien auf, wo er der Lehrerin wiederbegegnet. Doch es gelingt ihm »[n]icht für eine Sekunde […], den Abstand zwischen der Lehrerin und [ihm] zu überbrücken« (S. 63). Veit empfindet daraufhin nur noch »Scham« (S. 64), wenn er an Grete Bildstein denkt.

In Schwarzindien trifft der Ich-Erzähler auch eines der landverschickten Mädchen, das Eindruck auf ihn macht: Annemarie »Nanni« (S. 64) Schaller offenbart Veit, dass sie an Ostern mit ihrem Cousin Kurt die Drachenwand besteigen wolle.

■ Nanni und der Brasilianer

Erneut wird Kolbe in seinem Zimmer von einer Panikattacke überfallen (S. 65). Da ihn die grausamen Bilder in seinem Kopf nicht schlafen lassen, folgt er den Tönen einer für ihn rätselhaften Musik: Sie führen ihn in die gegenüberliegende Gärtnerei, wo er deren Betreiber antrifft, den »Brasilianer« (S. 68). Er ist der Bruder der Quartierfrau und doch ganz anders als seine Schwester: Wegen »einer unüberlegten Bemerkung über den F.« (S. 69) hat er »die Ehrenrechte eines Deutschen« verloren. Seinen Spitznamen verdankt der Gärtner dem Umstand, dass er eine Zeitlang in dem südamerikanischen Land gelebt hat, in das er sich noch immer zurücksehnt.

In der Früh ertrug ich: Für Veit entwickeln sich in Mondsee nach und nach neue Routinen: Nachts sitzt er mit dem Brasilianer zusammen und hilft ihm beim Beheizen des Gewächshauses (S. 72 f., 76), die Darmstädterin kocht für ihn mit und bietet ihm sogar an, seine Wäsche zu übernehmen (S. 74 f.), Veit wiederum hilft auch dem Onkel (S. 73). Die Quartierfrau langweilt ihn mit Dorftratsch (S. 72) oder giftet ihn an (S. 80). Unangenehm bleibt auch die Beziehung zur Lehrerin Bildstein, die Kolbe allerdings versucht kühl zu analysieren (S. 80). Dennoch erfährt er von der Lehrerin Vertrauliches über deren Schülerinnen: Eine von ihnen, Nanni, habe mit ihrem Cousin einen »nicht sehr schönen Briefkontakt« und habe sich von ihm »ausgreifen lassen« (S. 79).

■ Neue Routinen

Am 26. Februar feiert Veit Kolbe seinen vierundzwanzigsten Geburtstag: Er verbringt ihn »still und ruhig« (S. 82).

Am Freitag wurden in Darmstadt: Der Roman wechselt erstmals seinen Erzähler, und dem Leser werden nun aneinandergereihte Briefe der Mutter der Darmstädterin präsentiert, deren Name Margot ist (S. 85) und die noch eine 16-jährige Schwester hat, Bettine, die als Schaffnerin nach Berlin dienstverpflichtet wurde (S. 86). Der Vater der beiden ist in Metz stationiert (S. 85) und wird von der Mutter als cholerisch (S. 86) charakterisiert, auch scheint er öfter zu jammern (S. 91). Die Briefeschreiberin berichtet ausführlich, wie es ist, in einer deutschen Stadt zu leben, die nahezu täglich Luftangriffen ausgesetzt ist. Ihre Nerven liegen deshalb blank (S. 93), auch wenn irgendwie der Alltag weitergeht (S. 87). Ihre größte

■ Erzählerwechsel: Die Mutter der Darmstädterin

2. Inhaltsangabe

Sorge aber gilt ihren Töchtern, die offenbar nicht immer auf das hören, was die Mutter ihnen sagt. Sie fürchtet vor allem um Bettine, bittet Margot um Hilfe, der Jüngeren zu vermitteln, sie solle »sich nicht mit Männern einlassen, weil sie sich ihr ganzes Leben versauen kann« (S. 89). Diese Warnung nutzt sie, um auch Margot mitzuteilen, dass es von ihr »keine gute Entscheidung [war], einen Fremden zu heiraten mitten im Krieg und dann gleich ein Kind oder umgekehrt« (S. 89 f.).

Susi hat mich bei der Straßenbahn: Erneut wechselt der Erzähler – jetzt sind es einige Briefe von Nannis Cousin Kurt, die dem Leser eine neue Sicht bieten. Kurt berichtet darin Nanni von seinem Leben in Wien, seiner Liebe zu ihr und den Problemen, die entstehen, als ihre Liebesbeziehung aufgedeckt wird. Dabei erweist sich der 16-jährige Kurt als eifersüchtig (S. 97 f.), aber auch als überaus einfühlsam. So berichtet er seiner 13-jährigen Cousine, dass ihre Mutter sehr traurig über die an sie gerichteten Briefe sei und fordert Nanni auf, »in Zukunft immer [zu] schreiben, dass es [ihr] gutgeht und dass alles in Ordnung ist« (S. 99). Ihm könne sie die Wahrheit sagen, ihre Mutter aber, die eine schwere Arbeit zu verrichten habe (sie nietet »Spatentaschen« für Soldaten, S. 99), solle sie schonen. Kurt plant, Nanni zusammen mit seinem Freund Ferdl an Ostern zu besuchen. Zunächst scheint das auch von seinen Eltern erlaubt zu werden, doch als herauskommt, wie sehr Kurt in seine Cousine verliebt ist, wollen die Erwachsenen diese Beziehung unbedingt unterbinden. Aufgeflogen sind die beiden, weil Nannis Lehrerin Kurts Briefe liest und dessen Eltern informiert hat. Besonders Kurts Vater reagiert deutlich. Als Kurt ihm freche Widerworte gibt, bekommt er Ohr-

■ Erzählerwechsel: Kurt Ritler

2. Inhaltsangabe

feigen, die »so hart [waren], dass er ein Jahr Gefängnis dafür erhalten sollte« (S. 110). Dennoch will Kurt sich nicht kleinkriegen lassen und plant, auch ohne Erlaubnis an den Mondsee zu fahren.

■ Erzählerwechsel: Oskar Meyer

Wie's mir geht?: Mit Oskar Meyer, der in Wien in derselben Straße lebte wie Veit Kolbe (S. 53, 113), betritt der vierte Ich-Erzähler die ›Bühne‹ des Romans. Seine Perspektive unterscheidet sich noch einmal deutlich von denen der anderen: Er ist Jude. Zunächst erhält der Leser Einblick in Briefe Meyers an seine Cousine Jeannette, der es bereits gelungen ist, nach Südafrika (S. 114) auszuwandern und dem immer weiter zunehmenden Terror der Nazis zu entfliehen. Von diesem berichtet Oskar anschaulich: Neben offiziellen Verboten nehmen auch die persönlichen Demütigungen praktisch täglich zu (S. 116). Auch wirtschaftlich werden die Juden immer weiter in die Enge getrieben: Familie Meyer, die neben Oskar noch aus dessen Ehefrau Wally und dem gemeinsamen Sohn Georg(ili) besteht, muss die Wohnung in der Possingergasse räumen, den ganzen Hausrat zu Spottpreisen versetzen und landet schließlich verarmt mit »vier anderen Personen« (S. 119) in einem einzigen Zimmer. Die Lage erscheint immer aussichtsloser, Versuche, nach Amerika oder nach Südafrika auszuwandern, scheitern, auch weil die erwünschten Gastländer die Bedrängten nicht wollen und immer neue bürokratische Hürden aufbauen (S. 122 f.). Wally versinkt angesichts dieser Situation in Lethargie und Depression (S. 118 f.) und will zunächst nicht einfach fliehen, da sie »ein freier Mensch und eine geborene Bürgerin dieser Stadt [sei], es wäre albern, vor so irrwitzigen Bestimmungen davonzulaufen« (S. 119). Doch nachdem sich auch ein letzter möglicher Ausweg, legal nach Accra auszuwandern (S. 121), zerschlägt, entscheidet sich die Familie, der es gelungen war, den ältesten Sohn Bernili noch rechtzeitig nach England ins Exil zu schicken, zur Flucht nach Ungarn. Das auch, weil Wally plötzlich erkennt, wohin das alles führen wird: »Am Ende werden sie uns umbringen.« (S. 124) Von der Entscheidung zur Flucht und ihren ersten Etappen berichtet Oskar nicht mehr in Briefen an Jeannette, sondern offensichtlich in seinem eigenen Tagebuch. Der Übergang zwischen Briefen und Tagebuch bleibt dabei unmarkiert.

Den ganzen Tag Schneegestöber: Der Roman kehrt zur Haupterzählung nach Mondsee zurück. Veits Ruhe wird nur durch zweierlei gestört: Zum einen nehmen die Konflikte mit der Quartierfrau weiter zu (S. 130, 137) und zum anderen plagen ihn weiterhin seine Angstanfälle (vgl. S. 139 f.).

Seine Beziehung zur Darmstädterin wird derweil immer intimer (S. 130), und auch mit dem Brasilianer scheint sich eine Freundschaft anzubahnen (S. 132). Besonders gefällt ihm an Robert Raimund Perttes, wie der Brasilianer eigentlich heißt, dass dieser jemand ist, »an dem der Hebel zur Gleichschaltung nicht umgelegt worden war« (S. 133). Dennoch ist er besorgt, dass die laute Kritik des Brasilianers an der »Firma für Blut und Boden« (S. 136) zu weit gehen könnte. Der Brasilianer erzählt Veit auch, dass seine Schwester Trude, die Quartierfrau, sich erst durch die Heirat mit dem »Lackierermeister« Dohm, »der momentan im Generalgouvernement den neuen Menschen markiere« (S. 135), so negativ verändert habe.

Als Veit eine erneute Panikattacke erleidet, kommt

2. Inhaltsangabe

- **Veit und Nanni**

ihm Nanni Schaller zu Hilfe, sie hält seine Hand und redet beruhigend auf ihn ein. Dann zeigt sie ihm einen Brief ihrer Mutter, in dem sie wegen ihrer Beziehung zu ihrem Cousin Kurt heftig beschimpft wird. Sie bittet Kolbe, ihrer Mutter zu schreiben, »als Soldat […] und [zu] sagen […], dass Verliebtsein etwas Schönes ist« (S. 142). Veit windet sich und lehnt Nannis Bitte schließlich ab.

Beschlossen wird das Kapitel mit dem erwähnten Brief der Mutter an Nanni – der fast nur aus Sätzen mit Ausrufungszeichen am Ende und aus Vorwürfen besteht.

- **Pervtin**
- **Nanni verschwindet**

Der März war ungewöhnlich: Für Veit verändern zwei Dinge sein Leben nachhaltig: Zum einen verschreibt ihm der Gemeindearzt das Medikament »Pervitin«, das er »aber nur nehmen [soll], wenn es gar nicht anders gehe« (S. 147). Zum anderen wird Veit – wie die ganze Gemeinde – vom plötzlichen Verschwinden der jungen Nanni Schaller erschüttert. Zunächst vermutet man, sie sei mit ihrem Cousin durchgebrannt, doch der junge Mann ist völlig ahnungslos und macht sich selbst »große Sorgen« (S. 151). Veits Onkel Johann übernimmt die Ermittlungen, bleibt aber auch dabei weiterhin stark mit sich selbst beschäftigt (S. 154). Kolbes Sicht auf seinen Verwandten verschlechtert sich zusehends: Als Nannis Mutter unangekündigt in Mondsee auftaucht und vom Gendarmen vernommen wird, unterstellt Veit ihm, ohne echte Empathie zu sein (S. 158–160). In dem Verhör schildert die Mutter Nanni als kluges, leicht erziehbares Kind, das allerdings frühreif sei und sich mit Freundinnen umgeben habe, »die für Aufklärung über das andere Geschlecht sorgten« (S. 157).

Bei Margot bemerkt Veit den breiten hessischen Akzent, der besonders beim Wort ›Krieg‹ »der Sache eine

2. Inhaltsangabe

realistische Seite« abzugewinnen vermag: »[E]s klang nach *kriechen*, *sich in Erdlöchern verkriechen*, es klang nach den finsteren, feuchten Schächten, in die ich fiel, wenn ich meine Anfälle hatte.« (S. 162)

Der Elternbesuchstag: Zwar ist die Freude bei den landverschickten Mädchen und ihren Eltern groß, als es endlich zum lang ersehnten Besuchstag kommt, doch steht dieser »unter einem nervösen Stern« (S. 163), wie Veit bemerkt. Zum einen finden die Eltern ihre Kinder durchaus »selbstbewusster« (S. 164) wieder als noch einige Monate zuvor, zum anderen sind alle durch das Verschwinden von Nanni Schaller beunruhigt. Neues gibt es zu der 13-Jährigen nicht, Veits eher untätiger Onkel glaubt, »dass alles Wesentliche bald von selbst aus dem Fall herauseitern werde« (S. 170). Seine einzige Ermittlungstätigkeit scheint darin zu bestehen, dass er die Briefe von Nannis Cousin Kurt, die weiterhin in Mondsee eintreffen, liest. Und auch Veit darf die Briefe lesen – in seiner Funktion als Schreiber, die er öfter für den Onkel ausübt. Die Lehrerin Bildstein scheint dagegen wegen Nanni unter »Nachstellungen der Behörde« (S. 166) zu leiden, wie sie Veit bei einem zufälligen Treffen anvertraut – ansonsten aber bleibt sie ihm gegenüber so kühl wie zuvor. Sie erstaunt ihn allerdings mit einer Bemerkung über sein schlechtes Aussehen (S. 167).

■ Der Onkel ermittelt (nicht)

Eher zufällig gerät Veit mit der jungen polnischen Zwangsarbeiterin Joanna, die ihm seine Stiefel putzt, auch eine Opfergruppe in den Blick, die in der NS-Gesellschaft zwar massiv ausgebeutet, aber sonst wenig beachtet wird (S. 168). Joanna hat einen »plötzlichen Gefühlsausbruch« (ebd.) und gibt dabei einen Einblick in ihre traurige Existenz.

2. Inhaltsangabe

■ Der unvorsichtige Brasilianer

Dem Brasilianer wird eine abfällige Aussage über den »Minister für Öffentlichkeitsarbeit« (S. 174, gemeint ist Propagandaminister Joseph Goebbels), die er in der Gastwirtschaft »Zum Schwarzen Adler« macht, schließlich zum Verhängnis.

Der Brasilianer wurde nicht über Nacht: Veit überrascht es zunächst, dass die Verhaftung des Brasilianers nicht so vor sich geht, »wie die Leute es sich von derlei Vorgängen erzählten« (S. 175). Doch die Beamten erfüllen dann rasch das Klischee: der eine »so feist, dass er im Nacken Harmonikafalten bekam, wenn er den Kopf nur ein wenig hob« (S. 176), der andere »schlug die Hündin sofort zweimal mit einem Stock«. Die Übergriffe beschränken sich freilich nicht auf das Tier des Brasilianers: Auch er erhält »einen Schlag ins Gesicht« (S. 177), wird getreten und gestoßen. Veit verfolgt das Ganze mit »arge[m] Herzklopfen« (S. 178), tut aber nichts. Beim Einsteigen in den Polizeiwagen bittet der Brasilianer Veit, sich um die Gärtnerei zu kümmern. Veits erste Reaktion ist, dass er »in die Sache nicht hineingezogen werden« (S. 180) will, nicht zuletzt, weil er Gefahr laufe, »dass [s]ein Dienstgeber früher als vorgesehen nach [ihm greift]«. Doch Veit wird deutlich, dass der Brasilianer sein Freund ist und er in einer Verpflichtung steht. Nachdem auch noch die Scheiben des Gewächshauses – vermutlich von Jugendlichen – nachts eingeworfen werden, gelingt es Veit nur mit »allerlei Mühen« (S. 184) und auch Bestechung, neues Glas zu besorgen, um schließlich die Arbeit in der Gärtnerei zu übernehmen. Das Verhältnis zu seinem Onkel verschlechtert sich weiter, vor allem auch, weil dieser wenig Ermittlungseifer an den Tag legt, als es darum geht, die nächtlichen Vandalen zu ermitteln

■ Verhaftung

■ Veit übernimmt Gärtnerei

(S. 183). Zum Bild, das Veit zunehmend von seinem Onkel gewinnt, passt, dass er sich vor allem für die Zigarren des Brasilianers interessiert, die dieser angeblich »für die besonders schlechten Zeiten« (S. 185) gehortet habe. Es ist auch der Onkel, der Veit die unangenehme Nachricht überbringt, dass »im Ort schon Beschwerden geäußert [würden], [er] wäre an der Front besser aufgehoben als hier« (S. 184).

In den Dschungeln Schwarzindiens: Nach der Verhaftung des Brasilianers beginnt sich das Leben für Veit massiv zu verändern, weil er nun die Verantwortung für die Gärtnerei zusammen mit der Darmstädterin übernommen hat. Die körperliche Arbeit erschöpft Veit – was ihm allerdings teilweise gefällt (S. 190). Sein Verhältnis zur Darmstädterin wird immer enger, beide gestehen sich schließlich ihre Zuneigung und küssen sich zum ersten Mal (S. 197 f.). Vorausgegangen war das Geständnis Margots, »nicht den richtigen Mann geheiratet zu haben« (S. 195). Vielmehr habe sie mit der recht überstürzten Hochzeit ihrem Elternhaus entkommen wollen, vor allem ihrem Vater, der sie offenbar regelmäßig geschlagen hat (S. 194). Sie interessiert sich sehr für Veit, will auch über dessen Kriegserlebnisse viel wissen. Und er erzählt ihr, »dass [er] alles gesehen hatte, was niemand sehen will« (S. 199).

■ Margot und Veit

Da ich keine Beziehungserfahrung: Schon nach kurzer Zeit erscheint Veit die Beziehung zu Margot, die er nun nicht mehr »die Darmstädterin« nennt, als gefestigt (S. 205). Auch sexuell klappt es zwischen beiden, was den unerfahrenen Veit ganz offenbar freut und ihn von einem »Neuanfang« (S. 203) träumen lässt. Doch das Glück der beiden ist natürlich bedroht: Zum einen ist

2. Inhaltsangabe

Margot verheiratet, zum anderen muss Veit schon bald zurück an die Front. Die bevorstehende Nachmusterung löst bei ihm neue Angstzustände aus, bei denen er erneut scheußliche Kriegserlebnisse vor Augen hat. Die Beziehung zwischen den beiden bleibt auch in Mondsee nicht unbemerkt – und vor allem nicht unkommentiert: Veit weiß, dass es im Dorf »jetzt hieß, Margot sei eine, die mit jedem ins Bett geht« (S. 213).

■ Der SS-Mann Dohm

Veit und Margot treffen beim Reichssportwettkampf der landverschickten Wiener Mädchen erstmals auch den Ehemann der Quartierfrau, der als SS-Mann eine Rede vor den Sportlerinnen hält. Nur kurz darauf lernt Kolbe ihn dann richtig kennen: Ohne jede Vorwarnung nämlich erschießt er den nach den Schlägen des Polizisten gelähmten Hund seines Schwagers, des Brasilianers. Veit ist darüber völlig empört und droht dem SS-Mann, ihn anzuzeigen. Doch der weist ihn kühl in die Schranken und Veit knickt ein (S. 215).

In der Früh packte ich: Veit muss den schweren Weg nach Wien zur Nachuntersuchung antreten und realisiert, »wie glücklich [er] während der letzten Wochen gewesen war« (S. 216). Vor der Musterung trifft er aber auf seine Eltern und erneut kommt es zum Konflikt mit dem Vater. Allerdings hat sich nun etwas deutlich geändert, Mitte 1944 scheint sein Vater, ein überzeugter Nationalsozialist, nicht mehr ganz so siegessicher zu sein (S. 218). Die Rückkehr in sein Elternhaus bedeutet für Veit immer auch eine Erinnerung an seine verstorbene Schwester Hilde. Veit denkt an den Tag zurück, bevor Hilde starb, und hat noch immer ein schlechtes Gewissen. Seine Schwester hatte ihn zu sich gerufen und Veit zärtlich berührt. Dieser war unfähig, die Geste zu erwidern.

2. Inhaltsangabe

Kolbes Vorstellung vor dem Militärarzt verläuft zunächst alles andere als erfolgreich für ihn: Er wird als »[*f*]*eldtauglich*« (S. 220) eingestuft und müsste damit zurück an die Front. Mit einiger Mühe gelingt es ihm aber, eine erneute Untersuchung durch einen Facharzt zu erreichen. Dieser lässt sich erweichen und stellt Veit erneut zurück. Veit ist zwar »*schrecklich passiv, müde, ausgelaugt*« (S. 227) nach diesem Arztbesuch, doch er fährt auch überaus glücklich nach Mondsee zurück.

■ Veits erneute Zurückstellung

Ich bin noch immer ganz verwirrt: Erneut kommt Kurt Ritler in einigen seiner Briefe zu Wort, die er weiterhin »*postlagernd*« (S. 230) nach Mondsee schickt, um mit Nanni in einem imaginären Dialog zu bleiben. Dabei weiß er, dass seine Briefe von Fremden gelesen werden.

■ Kurts Ängste

Kurt macht sich Vorwürfe, dass er nicht wie verabredet nach Schwarzindien kommen konnte (S. 241). Immer wieder beteuert er, dass das nicht seine eigene Entscheidung gewesen sei. Ein entscheidendes Hindernis sei gewesen, dass er als Mitglied der HJ (Hitlerjugend) zu militärischen Hilfsdiensten verpflichtet worden sei. Er muss einen Lehrgang absolvieren und wird dann als Horcher eingesetzt. Kurt erlebt dabei immer wieder heftige Luftangriffe mit, denen er nur mit Glück unverletzt entkommt (S. 234). Zwischen den Angriffen bleibt Kurt etwas Zeit, Nanni zu schildern, wie er sich entwickelt: »[W]enn man mich genau anschaut, sehe ich einem Mann schon ziemlich ähnlich.« (S. 237)

Von seinen Eltern wird Kurt wegen der Beziehung zu Nanni noch immer »*sehr hart* [*angepackt*]« (S. 230), wohingegen sich das Verhältnis zu Nannis Mutter entspannt, da sie offenbar versteht, dass auch Kurt unter ihrem Verschwinden leidet. Allerdings macht das die

2. Inhaltsangabe

Mutter nicht hoffnungsvoller: »Deine Mutter sagt, sie glaube, du seist tot.« (S. 243)

Der Abschied von Wien: Der Roman gibt erneut Oskar Meyer das Wort und blendet zunächst in das Jahr 1942 zurück. Oskar berichtet, wie glücklich er und Wally sind, als sie endlich in Budapest ankommen und die Einschränkungen und Bedrohungen der letzten Jahre hinter sich lassen können. Zwar ist die Wohnung des Bruders István »klein und ärmlich« (S. 245), doch dafür können sich die drei endlich frei bewegen (S. 246). Allerdings sehen sich die Meyers damit konfrontiert, ihre Identität wechseln zu müssen, denn »[i]m Sommer vor [ihrer] Ankunft waren die meisten nicht ungarischen Juden von den Ungarn an die Deutschen ausgeliefert worden« (S. 247). Auch Wallys Stimmung bessert sich merklich (S. 246). Aus Freude über die gelungene Rettung kauft Oskar Wally »bei einer Straßenhändlerin ein Halstuch aus Baumwolle« (S. 146). Die Lage ändert sich aber schlagartig, als die Deutschen 1944 in Ungarn einmarschieren: »[J]etzt geht es hier von vorne los.« (S. 250) Willkür, Erniedrigungen und massive Einschränkungen für die Juden lassen nicht lange auf sich warten. Oskar und sein Bruder verlieren ihre Arbeit, sind schnell völlig mittellos. Ein aus Polen geflohener Jude, der sich selbst sarkastisch als »erfahrener Verfolgter, eine Fachkraft im Fliehen« (S. 253) bezeichnet, rät Oskar dringend zur Flucht. »Er erwähnte Konzentrationslager und den Bau von riesigen Fabriken, und wer nicht arbeiten könne, komme ins Gas.« (S. 254) Oskar schenkt diesen düsteren Aussagen keinen Glauben, doch muss er bald selbst erleben, wie sich die Situation immer weiter zuspitzt. »Am Sonntag den 16. Juli« (S. 259) kehren Wally und Georgili

■ Flucht nach Budapest

2. Inhaltsangabe

nicht mehr nach Hause zurück. Rasch ahnt Oskar, dass sie in eine Razzia der Deutschen geraten sind.

Wie ich in der Lebenszeichenkarte: Das Kapitel besteht erneut aus einigen Briefen von Margots Mutter an ihre Tochter, die vor allem über die apokalyptischen Zustände nach den verheerenden Bombenangriffen auf Darmstadt (S. 271) berichten. Die Mutter ist ob der Lage völlig verzweifelt, ihr Entsetzen schreibt sich sogar in die Syntax ein (S. 265). Da die Postverbindungen durch das Kriegsgeschehen unterbrochen sind bzw. sich Briefe überschneiden oder verloren gehen (S. 264, 268), wiederholt Margots Mutter einige Berichte immer wieder. Margots Vater, der Heimaturlaub bekommt, ist von den Zerstörungen ebenso völlig entsetzt, wie seine Ehefrau berichtet (S. 268). Trotzdem kann der Vater weiterhin sein Temperament nicht zügeln (S. 275). Auch ist er eifersüchtig auf »Herr[n] Hans« (ebd.), der seine Frau offenbar öfter besucht, und macht deshalb eine Szene.

■ Zerstörung in Darmstadt

Um ihre Kinder macht sich Margots Mutter weiter große Sorgen, vor allem hofft sie, dass beide »keine Dummheiten« (S. 278) machen. Über manche Wünsche der Kinder, die allerdings mit großer Zeitverzögerung bei ihr eintreffen, kann sich die Mutter nur sehr wundern und äußert ihr Unverständnis (S. 272).

In der zweiten Juliwoche: Der Roman kehrt nach Mondsee zu Veit Kolbe zurück, der wieder in seiner eigenen, glücklichen, aber beschränkten Welt lebt (S. 279). Die Beziehung zu Margot ›klappt‹ indes weiter hervorragend, psychisch wie vor allem auch physisch (S. 280 f.). Dem Gerede im Dorf, das nach der neuerlichen Auskunft des Onkels lauter würde, versuchen die beiden weitgehend auszuweichen, und auch sonst muss Veit

■ Glückliche Beziehung

2. Inhaltsangabe

vorsichtig sein: »Ich hatte berechtigte Angst, dass die erstbeste Unvorsichtigkeit meine Einberufung nach sich ziehen könnte.« (S. 284) In der Gärtnerei schuften die beiden weiter, erhalten dafür auch briefliche Anweisungen des Brasilianers aus dem Gefängnis.

Veit erleidet erneut einen Angstanfall und »eine Bilderattacke der Stärke zehn« (S. 286). Er bekämpft die Panik mit der mittlerweile zur Routine gewordenen Einnahme von Pervitin. Auch Margot wird von Angst und Verzweiflung heimgesucht, als sie im Radio hört, dass Darmstadt einem großen Angriff zum Opfer gefallen ist (S. 290).

Auch die Lehrerin Bildstein trifft Veit erneut, die ihm berichtet, dass sie großen Ärger mit der »Behörde in Linz« (S. 289) habe, weil sich ein Vater von der Front aus über sie beschwert habe.

■ Der Brasilianer wieder frei

Aus dem Misthaufen stieg Rauch auf: Der Brasilianer kommt nach vier Monaten Gefängnis zurück. Im Dorf bleiben die Leute auf Abstand zu Perttes, auch wenn sie immerhin nach seinem Zustand fragen (S. 293). Das Zuchthaus hat ihm hart zugesetzt, seelisch wie körperlich, er hatte nicht erwartet, »dass ihm mit solcher Härte begegnet werde« (S. 295). Dabei sei er noch glimpflich davongekommen, verglichen mit den anderen Opfern, berichtet er Veit. Politisch hat ihn die Haft nicht verändert, eher ist er jetzt ein noch überzeugterer Gegner des NS-Regimes, und er will unbedingt das Land Richtung Brasilien verlassen, sobald es ihm möglich ist: »Denn in einer Gesellschaft leben, in der jeder zweite ein Mörder ist, das will [er] nicht.« (S. 300) Um seinen Traum von Brasilien und den dortigen Freiheiten (S. 299) auch äußerlich zu kennzeichnen, bringt er vor seiner Gärtne-

2. Inhaltsangabe

rei den Schriftzug »*Klein Brasilien*« (S. 302) an. Veit sympathisiert mit dem Brasilianer und seinen Ansichten, anders als Margot, die »in vielem nicht seiner Meinung« ist, der es aber doch gefalle, »dass er sich Gedanken mache« (S. 301). Viele Gedanken macht sich auch Veit – nicht zuletzt darüber, dass er sich nicht wie eigentlich vorgeschrieben im Lazarett in Vöcklabruck zur Begutachtung vorgestellt und den Termin bereits um sechs Wochen überzogen hat (S. 303).

Den Onkel traf ich im Freien: Für Veit wird der wahre Charakter seines Onkels immer offensichtlicher: Während er einerseits mit seiner Amtsautorität die Dorfbewohner einschüchtert (S. 304), hat er andererseits als Polizist kein Problem damit, Veit aufzufordern, für ihn auf dem Schwarzmarkt nach Zigaretten Ausschau zu halten (S. 306 f.). Mehr noch: Da er noch immer gierig an die Zigarren des Brasilianers denkt, deutet er Veit gegenüber eine mögliche Erpressung des gerade erst Freigelassenen an und droht auch seinem Neffen indirekt (S. 308). Für Veit ist der Onkel zunehmend eine elende Gestalt, die ihn nicht nur an den Vater erinnert (S. 305), sondern in ihrer Nikotinabhängigkeit auch lächerlich wirkt (S. 306).

Noch problematischer gestaltet sich für Veit die Beziehung zur Quartierfrau: Sie bringt ihm ein Flugblatt, das über die Aufstellung des ›Volkssturms‹ informiert, weil sie meint, so den »Drückeberger« (S. 310) endlich wieder an die Front zu bringen. Ein Streit entspinnt sich zwischen ihr und Veit, nach dem er sich so sehr vor ihren »böse[n] Pläne[n]« (S. 312) fürchtet, dass er beschließt, sich endlich wieder in der Kaserne zur Nachuntersuchung zu melden, denn er weiß: »[S]chlimmstenfalls

2. Inhaltsangabe

■ Veits einmalige Chance

drohte mir das Kriegsgericht.« (S. 312) Im Krankenrevier bietet sich ihm dann eine einmalige Chance: Das Schreibzimmer ist unbesetzt und ohne viel nachzudenken, stempelt Veit »hastig zwei Bögen Papier, wie sie im Stapel neben der Schreibmaschine lagen« (S. 312). Kolbe kann nun »Befunde und Unterschriften fälschen, wohl wissend, wenn die Sache aufflog, kostete es den Kopf« (S. 313).

■ Nannis Tod

Nachdem Veit mit der Schreibmaschine des Onkels im Polizei-Posten »eine Zurückstellung für August und Oktober« (S. 316) gefälscht hat und wieder auf die Straße tritt, »kam der Onkel angekeucht und rief, die Leiche von Nanni Schaller sei gefunden worden, sie liege in der Drachenwand« (S. 317).

■ Nannis Leiche

Die Leiche des Mädchens Annemarie Schaller: Das Kapitel beginnt mit dem nüchternen Protokoll von Veits Onkel Johann zum Leichenfund in der Drachenwand. Darin stellt der Gendarm fest, dass Nannis Körper »*bereits stark verwest und teilweise skelettiert*« (S. 318) und furchtbar zugerichtet war; offensichtlich ist sie aus großer Höhe abgestürzt. Auch erzählt der Onkel später seinem Neffen, dass man nicht mehr habe erkennen können, »ob das Mädchen noch Jungfrau gewesen sei« (S. 321). Dass man an der Leiche nicht noch mehr feststellen könne, liege auch daran, dass alle geeigneten Sachverständigen »beim Schanzen« (S. 321), also beim Anlegen von Festungsanlagen, seien. »Oder als Wachpersonal in Mauthausen, Ebensee, Zipf« (S. 321), kommentiert dagegen sarkastisch der Brasilianer, denn er glaubt »ohnehin, dass alle Sachverständigen es längst verlernt hätten, nach Todesursachen auch nur zu suchen, das geschehe zwangsläufig, wenn man im Sold von Mördern stehe« (S. 322).

2. Inhaltsangabe

Veit erfährt zudem von seinem Onkel, dass auch die Augen an Nannis Leiche ausgehackt seien und ein Unterarm fehle (S. 319). Angesichts dieser grausigen Verstümmelungen der toten Nanni denkt er an seine Begegnungen mit ihr zurück und erinnert sich schmerzhaft daran, ihr die Bitte nach einem Brief an die Mutter nicht erfüllt zu haben. In ihrem trotzigen Aufstieg zur Drachenwand erkennt Veit im Rückblick etwas Unvernünftiges, aber eben auch »etwas Selbstbestimmtes« (S. 320). Nanni wird schließlich in Mondsee beigesetzt.

Es ist immer noch hell genug zum Schreiben: Veit hat »ein schlechtes Gewissen« (S. 332) Margots Mann gegenüber, der nicht nur unter erbärmlichen Bedingungen »Tag und Nacht im Graben« (S. 331) an der Front steht, sondern in einem Brief auch ausgerechnet über die eheliche Treue sinniert. Margot entschuldigt sich bei Veit, dass sie ihrem Mann nichts von ihm schreibe und erst nach dem Krieg mit ihm reden wolle – was Veit mit dem Hinweis akzeptiert, sie schulde ihm keine Rechenschaft (S. 336).

Unangenehm wird es für Veit, als der SS-Mann Dohm erneut auf Heimaturlaub kommt. Angeblich habe er »im Hinterland« Dienstgeschäfte zu versehen, doch davon ist wenig zu spüren. Stattdessen kümmert er sich intensiv um die eigenen Vorräte, weil er – trotz seiner zur Schau getragenen Siegeszuversicht – offenbar nicht mehr an ein gutes Ende des Krieges glaubt (S. 333). Veit ist es »unbehaglich in seiner Nähe« (S. 333) und er versucht Konflikte mit dem SS-Mann zu vermeiden – ganz anders als der Brasilianer, der sofort mit seinem Schwager aneinandergerät und sich das eine oder andere »Schreiduell« (S. 337) liefert. Als Dohm offenbar die Zigarren des Brasi-

2. Inhaltsangabe

- Perttes beleidigt Dohm

- Flucht

lianers will, auf die auch schon Veits Onkel ein Auge geworfen hatte, eskaliert die Situation. Perttes überzieht seinen Schwager mit wüsten Beschimpfungen, woraufhin Dohm ihn mit seiner Pistole bedroht, aber wieder von ihm ablässt und mit seinem Motorrad davonfährt. Für den Brasilianer ist jedoch klar, dass er sofort verschwinden muss, was er bereitwillig akzeptiert: »Lieber ins eigene Loch statt in deren Loch.« (S. 339)

Ich schaute mich in den Zimmern um: Die Entwicklung der Dinge in Mondsee beschleunigt sich: Das Verhältnis zwischen Veit und seinem Onkel wird immer prekärer, er hält ihn für »das größte Arschloch von allen« (S. 347). Veits zunehmend negative Sicht wird auch dadurch geprägt, dass er zwischen dem Gendarmen und seinem Vater immer mehr Ähnlichkeiten feststellt (S. 348). Veits Beziehung zum Ehemann der Quartierfrau erfährt dagegen eine überraschende Wendung – so überraschend, dass Kolbe nach dem letzten Gespräch mit Dohm, bevor dieser wieder in den Osten abreist, ein Pervitin nehmen muss, »sonst hätte [er] das nicht ausgehalten« (S. 344). Veit ist verstört von dem, was Dohm über seine Ehefrau sagt: »[S]o möchte er mich bitten, ein wenig auf seine Frau aufzupassen.« (S. 343) Die Quartierfrau könne nichts für ihr böses Verhalten, ein eingeklemmter Nackennerv sei daran schuld. Und auch für sein eigenes Benehmen entschuldigt sich Dohm bei Veit, er sei so aggressiv wegen seiner »saublöde[n] Arbeit« (S. 343) im Generalgouvernement.

Als Veit später im Auftrag des Onkels »ein Paket, das einige Dinge enthielt, die Nanni Schaller gehört hatten« (S. 349), der Lagerlehrerin übergeben will, entdeckt er, dass sie beim Korrigieren »getrocknete Tomaten und

2. Inhaltsangabe

Apfelspalten« (S. 352) isst. Das und das nervöse Verhalten der Lehrerin lassen ihn verstehen, dass die Lehrerin ganz offensichtlich den Brasilianer im Gasthof versteckt, in dem sie und die landverschickten Mädchen untergebracht sind. Grete Bildstein informiert ihn noch, dass das Lager in Schwarzindien aufgelöst und die Kinder aufgeteilt würden.

■ Bildstein versteckt Perttes

Veits Verhältnis zu Margot wird immer intimer – sie stößt mit ihm sogar »auf die gemeinsamen Kinder an, die [sie] irgendwann haben wollten« (S. 355). Von Margot erhält Veit auch eine Pistole, »die ihr Mann ihr aufgedrängt habe, für alle Fälle«. Weil »ihr Anblick [ihn] sofort beruhigte« (S. 342), nimmt Veit die Pistole an sich.

■ Pistole für Veit

Bald ein ganzes Jahr: Veit erhält aus Wien »eine Beorderung [...], dass [er sich] binnen einer Woche in der Breitenseer Kaserne einzufinden hätte« (S. 356). Das macht ihm zwar einerseits Angst, andererseits weiß Veit, dass er »etwas tun« muss: »[I]ch musste etwas ändern, ich konnte mich selbst nicht mehr ausstehen.« (S. 357) Um sich mit einer Fahrerlaubnis auszustatten, sucht er erneut den Onkel auf, den er dabei antrifft, wie er die Mädchen, die Schwarzindien verlassen, ein letztes Mal kontrolliert. Fast nebenbei teilt ihm der Onkel mit, dass er eine Verhaftung vornehmen müsse. Veit bekommt aus ihm nicht heraus, wen er verhaften möchte, dennoch bemerkt er an seinem Onkel einen für ihn unüblichen »Tatendrang« (S. 361). Erst als Veit zu Hause ist, realisiert er, »dass sich der Onkel über [ihn] lustig gemacht hatte. Die Verhaftung galt dem Brasilianer.« (S. 361) Was dann geschieht, folgt für Veit einer »Traumlogik« (S. 362): »Ich nahm die Pistole vom Balken herunter, schluckte vorsorglich ein Pervitin« (S. 362). Er macht sich eilig auf den

2. Inhaltsangabe

Weg nach Schwarzindien und verfolgt dort aus sicherer Entfernung, wie aus dem Gasthaus der Amtshelfer mit einer Verletzung herauskommt und vom Onkel zum Gemeindearzt geschickt wird (S. 363). Veit nutzt die sich ihm bietende Chance. Noch einmal verharrt er im Vorraum, bevor er sich sicher ist und das Schankzimmer betritt: »[I]ch musste einen Schnitt machen, ein sauberer Schnitt ist etwas, bei dem es kein Zurück gibt.« (S. 365) Der Onkel erfasst die Situation und will Veit überreden, wieder nach Hause zu gehen: »›Es ist schon genug Unheil angerichtet‹, sagte er. Und dieser Satz ließ alle Schäbigkeiten des Onkels aufleben, und ich hatte kein Mitleid mit ihm, wie er nie mit irgendwem Mitleid gehabt hatte. Und das Pervitin war bestimmt auch nicht ganz schuldlos, dass ich abdrückte.« (S. 365 f.) Der Schuss ist tödlich, der Onkel windet sich nur kurz und stirbt. Zusammen mit dem Brasilianer versteckt Veit die Leiche auf der anderen Straßenseite. Während der Brasilianer zu einem neuen Versteck aufbricht, macht sich Veit auf den Weg nach Hause, weint wiederholt (S. 368) und verbringt eine unruhige Nacht. Als er am nächsten Morgen Margot begegnet, die bereits vom Tod des Onkels weiß, glaubt er »zu sehen, dass sie etwas ahnte, aber sie fragte nicht weiter nach, und ich gab keine weitere Auskunft, und es wurde nicht mehr darüber gesprochen« (S. 369).

■ Veit tötet den Onkel …

■ … und befreit Perttes

Es sind vom Eichbaumeck: Erneut wechselt der Roman zur Perspektive der Mutter Margots, die ausführlich in Briefen von den Entwicklungen in Darmstadt berichtet. Zwar hat sie mittlerweile eine ganze Reihe von Briefen aus Mondsee erhalten, doch sind zumindest anfangs ihre Informationen noch veraltet (S. 371). Das Leben in der hessischen Stadt ist weiterhin vor allem von Tod,

2. Inhaltsangabe

Zerstörung und Mangel gekennzeichnet, es spielen sich Tragödien ab, innerhalb und außerhalb der eigenen Familie (S. 373).

■ Tragödien in Darmstadt

Für Margots Mutter ist vor allem das Alleinsein nur schwer zu ertragen, gerade auch kurz vor Weihnachten (S. 372). Immer wieder erhält sie zwar Besuch von ihrer Tochter Bettine und ihrem Ehemann, aber die Visiten sind nur kurz und oft auch wenig erquicklich. Sie hegt die Hoffnung, dass ihr Mann durch die Kriegserlebnisse »die Welt jetzt mit anderen Augen ansieht« (S. 375). Allerdings ist bei ihrem Gatten nur selten etwas von Demut zu spüren, wenn er auf Urlaub zu Hause ist, er macht ihr hauptsächlich Vorwürfe (S. 378).

Auf Margots Geständnis, dass sie ihren Ehemann nicht liebe, reagiert die Mutter zunächst mit einem Rat, den Margot, »wie [sie sie] kenne, nicht befolgen« wird: »Lass dich mit niemandem ein.« (S. 380) Aber sie hat auch Respekt für Margots Ehrlichkeit.

Die Sache ging sehr rasch: Das Kapitel versammelt mehrere Briefe, die Kurt Ritler an seinen besten Freund Ferdl schickt – er ist ihm nun zum engsten Vertrauten geworden. Die ersten Briefzeilen offenbaren auch, dass Kurt noch nichts von Nannis Tod weiß und weiterhin auf einen guten Ausgang hofft (S. 385). Doch dann wird zu Gewissheit, was auch Kurt seit Längerem ahnt: Nanni ist tot. Von der Nachricht selbst ist er »nicht wirklich überrascht. Die Überraschung liegt eher in der Wucht der Gefühle.« (S. 388)

Das alles muss Kurt verkraften, während sich auch sein Leben massiv verändert: Er wird zum Militär nach Hainburg (S. 384) eingezogen und muss zunächst in der Kaserne massiven Drill über sich ergehen lassen (S. 387).

2. Inhaltsangabe

Zu den Hauptaufgaben während der Ausbildung gehört, dass Kurts Einheit »auf einem Hügel ein Lager für Arbeitsverpflichtete, die demnächst von Ungarn zum Schanzen kommen« (S. 389), errichtet. Auch das Leben in der Kaserne ist für die jungen Männer alles andere als leicht, schnell schon kommt es zu Wutausbrüchen (S. 391) oder der großzügig an sie ausgegebene Schnaps führt zu allerlei »Weltschmerz« (S. 392). Kurt berichtet auch beiläufig von einer Begegnung, die ihn wieder in den Besitz seiner Briefe an Nanni bringt: Ein Soldat, der »aus Mondsee gekommen« (S. 393) und in dem unschwer Veit Kolbe zu erkennen ist, habe ihm diese übergeben.

Aus der Übung und dem Drill in der Kaserne wird bald auch blutiger Ernst: Kurts Einheit wird nach Schlesien verlegt (S. 394), wo sie zunächst mit »Nichtstun, Bunkerbau, Essen und Schlafen« (S. 395) beschäftigt ist, doch dann immer näher an die Front verlegt wird. »Wir liegen in dem Dorf, in dem sich der Hauptverbandplatz befindet. Zu Fuß, auf Karren und Autos kommen die Verwundeten an. Das geht Tag und Nacht. Ein Bild des Grauens. Diese Bilder werde ich nie vergessen.« (S. 398)

■ Kurt im entsetzlichen Krieg

Deutsche Einheiten auf dem Rückzug: Das Kapitel gibt Oskar Meyers Tagebuch wieder, das er offenbar anstelle oder neben der Briefkommunikation mit seiner Cousine Jeannette führt (S. 412). Er berichtet, wie die Lage in Budapest immer entsetzlicher wird (S. 399 f.): Juden werden auf offener Straße zusammen- und totgeschlagen, erschossen – und Oskar beobachtet, dass die Misshandlungen umso wahrscheinlicher und brutaler sind, je mehr Publikum herumsteht (S. 406). Die Täter beobachtet Oskar genau: »Ich glaube, einem Mörder ge-

2. Inhaltsangabe

hört die Gegenwart wie sonst niemandem, ich glaube, deshalb wird es immer Mörder geben.« (S. 407)

Oskar macht sich massive Vorwürfe, Wally und Georg nicht genug beschützt zu haben, auch weil er einmalige Gelegenheiten zur Flucht ausgelassen hat (S. 401). Das Halstuch, das er einst Wally in Budapest kaufte, ist nun das einzig verbliebene Erinnerungsstück, das für Oskar zum Symbol wird und das er immer wieder erwähnt (S. 411 f., 417 f.). Ein Zimmergenosse zerstört Oskars letzte Hoffnungen auf eine Rückkehr von Wally und Georg brutal: »[D]ie beiden seien im Gas, im Ofen, jedenfalls überall sonst, nur nicht am Leben.« (S. 404) Obgleich viele andere ihm abraten, entschließt sich der verzweifelte Oskar, der nun den Namen Andor Bakos angenommen hat (S. 408, 418), sich freiwillig zu einem Arbeitstransport zu melden. Zunächst mit dem Viehwaggon und dann auf einem brutalen Fußmarsch, dem viele Menschen zum Opfer fallen, werden die Freiwilligen nach Westen getrieben. In der Nacht vor der Ankunft in der Nähe von Hainburg (S. 417), wo die Männer zum Schanzen eingesetzt werden sollen, hat Oskar noch einen Traum, in dem ihm Wally erscheint. Wieder entschuldigt sich Oskar bei ihr für sein Versagen, nicht an ihrer Seite gewesen zu sein, als sie verhaftet wurde. Doch Wally »glitt ein Lächeln über [das] Gesicht, begleitet von einem Nicken, und es war, als hätte sie [ihm] die Erlaubnis gegeben, [sich] nicht mehr schuldig zu fühlen« (S. 417).

■ Oskar als Zwangsarbeiter

So tauche ich wieder in den Winter ein: Für Veit beginnt nach dem Mord an dem Onkel eine neue Zeitrechnung: »[I]ch fühlte mich in Mondsee nicht mehr wohl, ich hatte das Gefühl, das Blut des Onkels riechen

■ Neue Zeitrechnung

zu können, wann immer ich mich umdrehte.« (S. 420) Wenngleich der Mord eine Zäsur ist, so scheint Veit die prinzipielle Notwendigkeit der Tat dennoch immer klarer zu sein (S. 423). Die Behörden tappen bei der Aufklärung im Dunklen, für sie deutet alles auf den Brasilianer als Täter hin (S. 420 f.).

Veit stellt fest, wie sehr sich sein eigenes Leben verändert hat. Die Grundausbildung scheint ihm jedenfalls »hundert oder hundertzwanzig Jahre[]« (S. 425) zurückzuliegen, genauso wie ein positives und ungetrübtes Verhältnis zu den Eltern (S. 426). Die erneute Begegnung mit diesen steht bevor, weil Veit zurück nach Wien muss, wo ihn »die Gesundschreibung« (S. 421) erwartet. Margot übergibt ihm für die Reise das Geld, das sie durch den Verkauf von Tomaten verdient hatten und legt ihm nahe, es zur Bestechung des Arztes einzusetzen (S. 423 f.). Für Veit ist nicht nur durch diese Geste klar, wie ernsthaft ihre Beziehung mittlerweile ist (S. 424 f.).

Für seinen Wien-Aufenthalt hat sich Veit noch etwas vorgenommen: Als er seine Fahrerlaubnis auf dem Gendarmerie-Posten abholt, behauptet er, der Onkel habe ihn noch vor seinem Tod darum gebeten, Kurt Ritler seine Briefe zurückzugeben (S. 422).

Der Westbahnhof war dick verqualmt: Veit trifft in Wien ein und macht gleich auf mehreren Ebenen Fremdheitserfahrungen: Zum einen erscheint er sich selbst fremd (S. 427), doch die größte Entfremdung stellt der junge Soldat zwischen sich und seinen Eltern fest (S. 430). Es dauert auch nicht lange, bis es zum Konflikt mit dem Vater kommt: »Er fing dann wieder von der Zukunft an, für die wir die vielen Opfer auf uns nähmen« (S. 436). Der Streit eskaliert, als Veit seinem Vater be-

2. Inhaltsangabe

scheidet: »Du kannst mich einmal.« (S. 436) Für Veit ist der finale Streit, der zur Folge hat, dass er aus der Familie »flog« (S. 436), v. a. in der Erziehung des Vaters begründet. Nie habe der gelobt, immer zu mehr angestachelt: »Mit Wörtern wie *Standhaftigkeit* und *Konsequenz* hatte mir Papa meine Kindheit verdorben. Und die Jugend und das junge Erwachsenenalter hatten mir andere verdorben, aber mit denselben Wörtern.« (S. 437)

■ Endgültiger Bruch

Veits Auseinandersetzung mit der eigenen Vergangenheit umfasst auch die Erinnerung an seine verstorbene Schwester Hilde. Als er ihr Grab auf dem teilweise durch Bomben zerstörten Meidlinger Friedhof besucht, erinnert er sich an Hildes Sterbetag, den er »bis heute als verstörend« (S. 432) empfindet. Besonders, dass er nicht bei ihr bleiben konnte in der Stunde ihres Todes und sie nicht tröstete, macht ihm zu schaffen (S. 433).

Die Untersuchung durch den Truppenarzt steht dann von Anfang an unter keinem guten Stern: Der Mediziner macht sofort klar, dass er Veit für feldtauglich hält (S. 439), weshalb dieser zum letzten Mittel greift und versucht, den Arzt zu bestechen. Doch das Ergebnis fällt anders als erwartet aus: »Diese miese Ratte hatte Margots Geld genommen und mich kriegsverwendungsfähig geschrieben« (S. 441). Da Veit vorgibt, er hätte in Mondsee ein uneheliches Kind, wird ihm noch ein Aufschub von zwei Tagen gegeben, damit er sich verabschieden kann. Danach soll er zu seiner Einheit nach Insterburg, zur »Knochenmühle im Osten« (S. 442).

■ Veit ›feldtauglich‹

Seit es mit Margot: Veit verlässt sein Elternhaus nach den Auseinandersetzungen mit seinem Vater »in tiefer Trauer« (S. 443), um wieder an die Front zurückzukehren. Vorher aber will er Kurt Ritler die Briefe übergeben

■ Veit und Kurt

2. Inhaltsangabe

und macht sich auf den beschwerlichen Weg zu dessen Kaserne nach Hainburg. Für Veit verläuft die Begegnung mit Nannis Cousin, den er als »verstockt« (S. 446) empfindet, nicht wirklich erfolgreich: Kurt sei, so vermutet Veit, vor allem »verunsichert und voller Scham« (S. 446), weil er »seine Liebesbriefe aus den Händen eines fremden Mannes« erhält. Nur für einen kurzen Augenblick lockert sich die »Beklommenheit« (S. 447) der beiden jungen Soldaten, als sie nämlich über Nanni sprechen. Doch dieser Moment währt nicht lange, und als Veit den Ratschlag von Kurts Vater, immer »Zivilkleider […] bei sich zu tragen und die Uniform notfalls wegzuwerfen« (S. 448), unterstützt, weist das Kurt deutlich zurück, denn er lasse niemanden mehr im Stich.

Veit ist nach der Begegnung »niedergeschlagen« (S. 449) und macht sich auf den Rückweg. Unterwegs kommt er an den Bauarbeiten zum Südostwall vorbei. Aus einiger Entfernung macht Veit eine furchtbare Beobachtung, er sieht, wie ein Zwangsarbeiter von einem Wachmann zu Tode geprügelt wird (S. 451). Veit geht näher heran und ihm fällt ein anderer, heruntergekommener Zwangsarbeiter auf, der »ein buntes Halstuch« trägt und ihn »mit bohrenden Augen und voller Vorwurf, dabei […] trotzig« anschaut, »mit verstecktem Hass« (S. 452). Ganz offensichtlich begegnet Veit hier unwissentlich Oskar Meyer, der wie Kolbe einstmals in der Possingergasse in Wien lebte.

■ Veit und Oskar

Veit ist durch das, was er bei den Schanzarbeiten sehen muss, getroffen, und er realisiert, dass er »für immer in diesem Krieg bleiben [würde,] als Teil von ihm« (S. 453). Auch wenn Veit nicht erwähnt, dass er erkennt, dass es sich bei den Zwangsarbeitern, die er beobachtet hat, um Juden handelt, erinnert er sich an die Erschießungen »im rückwärtigen Heeresgebiet« (S. 453), die ihm nicht entgangen waren: »Aber ich war so sehr mit meinem eigenen Los beschäftigt, dass ich mir gedacht hatte: Was gehen mich die Juden an?« (S. 453) Gleichwohl hat Veit sich wiederholt gefragt, was wäre, »wenn ich zu einer Erschießungsaktion eingeteilt würde. […] Nie hätte ich gedacht, dass ich je über solche Dinge nachdenken müsste. Denn über so etwas nachdenken heißt, sich damit vertraut machen, das heißt, den Begriff von Normalität verändern, langsam in eine andere Normalität hinüberwechseln.« (S. 454)

Ich saß auf dem Fensterbrett: Bei seiner Ankunft in Mondsee findet Veit Margot einigermaßen deprimiert vor. Die Tage, an denen er fort war, »seien nicht gut verlaufen« (S. 457). Der Konflikt mit Trude Dohm eskaliert offenbar weiter. Angesichts der »sauren, alles zersetzenden Natur« (S. 465) der Vermieterin ist sich Veit sicher: »Du solltest umziehen, Margot.« (S. 467) Die beiden haben Glück und der im Ort ansässige Fleischhauer bietet Margot nicht nur ein Zimmer, sondern auch noch eine Tätigkeit in der Metzgerei an (S. 468). Der Umzug wird noch am selben Tag vollzogen und auch wenn das Zimmer einfach ist, ist sich Veit sicher: »In dem Moment, in dem ich durch die Tür trat, spürte ich, dass ich mich von etwas losgerissen hatte und endlich ein eigenes Leben besaß.« (S. 469)

■ Umzug

Zwar ist Margots Situation in anderer Hinsicht noch ungeklärt, doch ist sie sich sicher, wie es nach dem Krieg weitergehen wird. Als Veit sie fragt, welche Chancen sie ihrer Beziehung zukünftig einräume, antwortet sie eindeutig: »Hundert Prozent« (S. 464). Dennoch macht sie

2. Inhaltsangabe

sich auch Sorgen um Veit, nicht nur weil er an der Front ständiger Lebensgefahr ausgesetzt ist, sondern auch wegen seiner Tablettensucht (S. 461).

Zu den Ermittlungen zum Tod des Onkels kann Margot Veit nur wenig Neues berichten. Das Gespräch löst in Veit dennoch »Trauer« (S. 458) aus: »[Z]um ersten Mal tat mir, was geschehen war, leid. […] / Und in diesem Moment der Trauer verspürte ich auch den Anfang eines Gefühls von Frieden, weil ich entschied, den Onkel zu lassen, wo er war, und weiterzumachen.« (S. 458 f.) Dieses ›Weitermachen‹ ist für Veit, jetzt, kurz vor der Abreise, getragen von der Gewissheit: »Ich werde überleben. Und später, wenn alles wieder normal ist, werde ich irgendwie die Jahre retten, die ich verloren habe.« (S. 473)

■ Trauer über Mord

Wir warten auf das Milchauto: Es ist ein eiskalter Morgen, als Veit Margot, deren kleine Tochter und den Mondsee verlässt. Veit bedankt sich bei seiner Geliebten »für jede gemeinsame Minute« (S. 474). Auf seinem Weg kommt Veit noch einmal in Schwarzindien vorbei: »Auch im ehemaligen Lager wohnten jetzt Flüchtlinge, Hinausgeworfene, Verratene, Verbrecher, die sich verdrückt hatten, Geschundene, arme Teufel.« (S. 474) Ihn dagegen trägt es hinaus in einen Krieg, der ihm »zuwider« (S. 475) ist und von dem er weiß, dass er eine »unrechte[] Sache« ist. Ein letztes Mal führt ihn seine Route an der Drachenwand entlang, »ein über die klirrenden Wälder gereckter Schädel, der mit leeren Augen auf die Landschaft herabstierte« (S. 475), und am Mondsee vorbei. Er denkt auch noch einmal an Nanni und wünscht ihr »alles Gute für ihre Zeit bei den Geistern« (S. 476). Und als ihm all das Vertraute aus dem Blick verschwindet, schließt er »die Augen im Wissen, dass wie vom

■ Abschied aus Mondsee

Krieg auch von Mondsee etwas in [ihm] bleiben wird, etwas, mit dem [er] nicht fertig werde[n]« wird (S. 476).

Nachbemerkungen: Die »Nachbemerkungen« klären über das weitere Schicksal der Protagonisten auf: Veit und Margot überleben den Krieg, heiraten und bekommen zwei weitere Kinder. Veit stirbt 2004, Margot ist zum Zeitpunkt der Niederschrift der Nachbemerkungen 95 Jahre alt. Margots Vater fällt noch 1945 in Schlesien, ihre Mutter stirbt 1961.

■ Nachbemerkungen

Der Brasilianer überlebt und wandert 1948 tatsächlich nach Südamerika aus, sein weiteres Schicksal bleibt ungeklärt. Seine Schwester und ihr Mann überleben ebenfalls und gehen nach dem Krieg nach Freising; Trude Dohm stirbt 1953 in einer Heil- und Pflegeanstalt an einer spät festgestellten Syphilis, der ehemalige SS-Mann stirbt erst 1981.

Die landverschickten Mädchen aus Wien können erst 1946 nach Wien zurückkehren, ihre Lehrerin Margarete Bildstein überlebt den Krieg, sie stirbt mit 89 Jahren im Jahre 2008.

Kurt Ritlers Schicksal bleibt lange ungeklärt, doch es stellt sich schließlich heraus, dass er kurz vor Kriegsende in einem Feldlazarett gestorben ist.

Oskar Meyer wird 1945 auf einem Transport nach Mauthausen ermordet, seine Frau Wally und der gemeinsame Sohn Georg sind schon 1944 in Auschwitz getötet worden. Über Bernilis Schicksal in England ist nichts weiter bekannt.

3. Figuren

Um Figuren in einem literarischen Werk angemessen analysieren zu können, muss man die verschiedenen Ebenen ihrer Charakterisierung genau betrachten. Vor allem muss man sich immer fragen: Von wem stammt die Information über eine Figur und wie verlässlich ist sie? Der Literaturwissenschaftler Manfred Pfister hat vorgeschlagen, zunächst einmal zwischen figuralen und auktorialen Charakterisierungen zu unterscheiden: Figurale Informationen kommen von den Figuren selbst, sie ergeben sich aus dem, was die Figuren sagen, wie sie handeln oder wie sie sich kleiden. Auktoriale Charaktereigenschaften stammen dagegen vom Autor bzw. dem Erzähler und sind den Figuren nicht zwingend bewusst. Das kann z. B. ein ›sprechender‹ Name sein, der ein wesentliches Attribut der Figur beschreibt oder ironisch ins Gegenteil verkehrt.

■ Auktoriale vs. figurale Charakterisierung

Manche dieser figuralen und auktorialen Informationen erhält der Leser direkt, sie werden also explizit von einer Figur oder dem Autor bzw. Erzähler benannt; andere Informationen muss sich der Leser wiederum erschließen, weil sie nur implizit vermittelt werden, beispielsweise durch das Verhalten oder die Sprache einer Figur. Die nachfolgende Grafik zeigt anschaulich, wie viele explizite und implizite figurale bzw. auktoriale Informationen bei einer umfassenden Figurencharakterisierung gesammelt und ausgewertet werden können.

■ Explizite vs. implizite Angaben

Beachten muss man bei einer literarischen Charakterisierung aber immer, dass viele (Haupt-)Figuren nicht statisch sind, sondern sich im Laufe der Handlung entwickeln, d. h. ihre Einstellungen ändern, ihr Verhalten

■ Entwicklung von Figuren?

3. Figuren

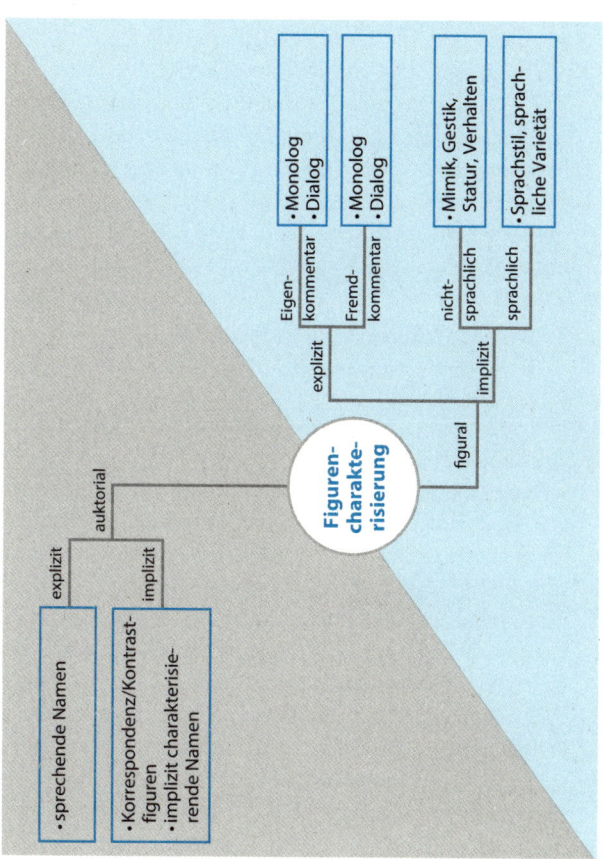

Abb. 1: Auktoriale vs. figurale Charakterisierungen können explizit oder implizit geschehen. – Grafik: Gert Egle / www.teachsam.de / CC-BY-SA 4.0

3. Figuren

anpassen usw. Es ist also nicht nur entscheidend, woher oder von wem eine Information stammt, sondern auch, zu welchem Zeitpunkt der Handlung sie gegeben wird.

Inhaltlich kann man die Informationen, die in einem literarischen Text über eine Figur explizit oder implizit auktorial oder figural gegeben werden, in vier Bereiche untergliedern: 1) äußeres Verhalten, 2) äußere Erscheinung, 3) psychische Disposition, 4) soziale Lage.

■ Ebenen der Figurencharakterisierung

Grundsätzliches zu den Figuren in *Unter der Drachenwand*

Die Erzählung besteht aus (fiktionalen) Tagebuchaufzeichnungen und Briefen unterschiedlicher Figuren. Durch diese komplexe erzählerische Vermittlung sind alle Figureneigenschaften abhängig von der Perspektive der vier Ich-Erzähler (Veit Kolbe, Lore Neff, Kurt Ritler und Oskar Meyer) und – in weitaus geringerem Umfang – einer auktorialen Erzählinstanz, die aber weithin unsichtbar bleibt und hier deshalb zunächst vernachlässigt werden kann.[5] Dabei werden manche Figuren nur von einem der Ich-Erzähler, andere von mehreren beschrieben und charakterisiert. Die nachstehende Übersicht über die Figurenkonstellation versucht, dies farblich sichtbar zu machen.

■ Erzähler-, Haupt-, Neben-, Randfiguren

Es macht Sinn, die vielen Figuren des Romans einzuteilen in Erzähler-, Haupt-, Neben- und Randfiguren. Die Erzählerfiguren sind besonders wichtig, weil sie eben über entscheidende Privilegien verfügen: Sie charakterisieren sich umfänglich selbst (Selbstcharakterisierung)

---

5. Vgl. dazu Kapitel 4 »Form und literarische Technik«.

3. Figuren

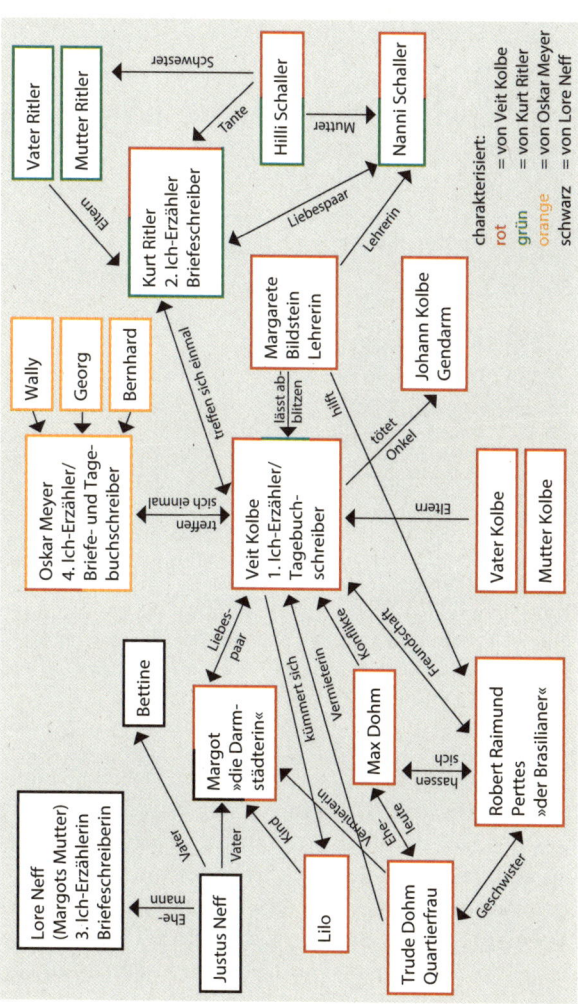

Abb. 2: Figurenkonstellation

3. Figuren

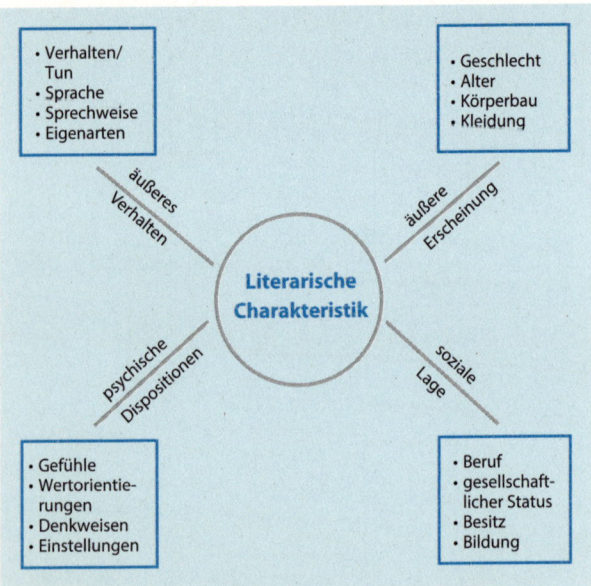

Abb. 3: Die vier Inhaltsebenen der literarischen Figurencharakteristik. – Grafik: Gert Egle / www.teachsam.de / CC-BY-SA 4.0

und entwerfen für den Leser die anderen Figuren (Fremdcharakterisierung). Dabei ist Veit Kolbe der bedeutendste Ich-Erzähler, der mit Abstand auch am meisten Text beisteuert. Die Briefe von Lore Neff, der Mutter von Margot, und von Kurt Ritler, dem Cousin von Annemarie (›Nanni‹) Schaller, ergänzen seine Sicht auf die Ereignisse in Mondsee und die dortigen Figuren durch Außensichten. Die Briefe Oskar Meyers haben mit den Ereignissen im Salzkammergut nicht direkt zu tun; sie

3. Figuren

scheinen am weitesten weg zu sein vom eigentlichen Erzählgegenstand. Doch das täuscht: Zum einen stammen Veit und Oskar aus derselben Straße in Wien, zum anderen begegnen sie sich im Laufe der Handlung auch einmal kurz, und zwar an einem Ort, den wiederum Kurt Ritler als Soldat mit aufgebaut hat. Der jüdische Zahntechniker Oskar Meyer repräsentiert also in mehrfacher Hinsicht eine Außenseiter-Perspektive, die trotz ihrer wenigen direkten Verbindungen zur Haupthandlung diese dennoch in einem bestimmten Licht erscheinen lässt: Die Familie Meyer gehört zu den vielen Opfern des NS-Regimes, die von den Zuschauern und Mitläufern einfach übersehen oder verdrängt werden.

Die Hauptfiguren, die nur durch andere beschrieben werden und deshalb auch nur vermittelt selbst zu Wort kommen, aber dennoch im Zentrum der Handlung in Mondsee stehen, sind Johann Kolbe, Annemarie Schaller, Margot Neff und Robert Raimund Perttes. Johann Kolbe, Veits Onkel und Dorfpolizist, leitet nicht nur die Ermittlungen zur verschwundenen Nanni Schaller, sondern wird auch zu Veits Mordopfer. Nanni Schallers Beziehung zu ihrem drei Jahre älteren Cousin Kurt wiederum löst viele andere Ereignisse aus, u. a. Nannis trotzigen Ausflug in die Drachenwand. Veits Beziehung zu Margot, der Darmstädterin, verändert sein Leben nachhaltig, ebenso seine Freundschaft zu Perttes, dem Brasilianer, der ihm zu einer Ersatzvater-Figur wird.

3. Figuren

Erzählerfiguren

Veit Kolbe: Der Soldat, über dessen Aussehen wir wenig bis nichts erfahren (für Kurt, der ihn am Ende der Erzählung trifft, sieht er »elend« aus, S. 393; siehe auch S. 167), ist zu Beginn der Handlung fast 24 Jahre alt, gehört der Wehrmacht schon fünf »verlorene[]« (S. 17) Jahre an und hat es bislang zum Stabsgefreiten[6] gebracht (S. 31). Er wurde an der Ostfront schwer verwundet, mit der Erinnerung an diesen Moment setzen seine Tagebuchaufzeichnungen[7] – und mit ihnen der Roman – ein.

■ Gezeichnet vom Krieg

Doch Veit ist nicht nur körperlich verletzt, auch seelisch ist er massiv durch seinen langen Kampfeinsatz verwundet. Der Krieg hat für Kolbe nichts Heroisches, er ist für ihn die »blutigste[], unverständlichste[] Raserei« (S. 8). Veit wird zunehmend klar, dass er dem Krieg und seinen Folgen nicht entkommen kann und wird (S. 453). Schon in Mondsee beginnt er an dem zu leiden, was man heute eine posttraumatische Belastungsstörung[8] nennen würde: Immer wieder wird er von Anfällen (u. a. S. 39, 139, 210) heimgesucht, in denen er sich »verdrahtet mit der Tödlichkeit des Moments« (S. 139) fühlt. Zu den Erinne-

---

6 Der höchste Mannschaftsdienstgrad im Heer, der nächsthöhere Dienstgrad wäre der eines Unteroffiziers.
7 Dass es sich um solche handelt, thematisiert Veit Kolbe selbst (vgl. S. 419), siehe dazu aber auch die Diskussion in Kapitel 6 »Interpretationsansätze«.
8 Eine posttraumatische Belastungsstörung ist eine verzögerte psychische Reaktion auf ein sehr belastendes Ereignis bzw. auf eine Reihe belastender Ereignisse. Neben einer generellen vegetativen Übererregbarkeit kommt es häufig zu *Flashbacks*, also dem lebhaften Erinnern und Wiedererleben der traumatischen Situation(en).

3. Figuren

rungsbildern, die ihn am meisten quälen, gehören jene von brutalen Erschießungen, denen er beiwohnen musste (S. 210). Auch weil Veit nicht versteht, warum ihn diese »Nervenanfälle« (S. 140) ausgerechnet dann heimsuchen, als er in relativer Sicherheit und fernab der Front ist, sucht er Hilfe bei dem Gemeindearzt, der aber kein Fachmann für die Behandlung solcher psychischen Symptome ist. Entsprechend undifferenziert fällt seine Medikation aus: Er verschreibt Kolbe das damals hoch im Kurs stehende Pervitin, ein Methamphetamin, das stimmungsaufhellend und angstreduzierend wirkt sowie den Effekt hat, das Selbstwertgefühl zu steigern. Einige – durchaus auch positive – Entwicklungen in Veits Charakter werden durch dieses Medikament begünstigt, man sollte jedenfalls nicht vergessen, dass er ab einem gewissen Zeitpunkt (S. 161) häufig unter seinem Einfluss steht. Allerdings macht Pervitin auch süchtig; Veit ist sich seiner »Abhängigkeit« (S. 356) irgendwann, wenn auch spät, bewusst. Mehr noch: Er entwickelt dann einen »richtige[n] Hass« (S. 441) gegen die Tabletten, auch wenn er sie nicht absetzen kann.

Nicht nur zum Krieg, auch zum NS-Regime hat Kolbe eine erhebliche Distanz: Von Adolf Hitler, dem ›Führer‹, spricht er nur als »F.« (erstmals S. 15), die Partei und die Regierung nennt er ironisch-sarkastisch »Firma für Blut und Boden« (S. 345), ihre Amtsträger »Bonzen« (S. 19). Und mit überzeugten Anhängern der nationalsozialistischen Partei und Ideologie gerät er immer wieder in Konflikt, unter anderem mit der Quartierfrau und ihrem Mann, besonders aber mit seinem Vater, der ein ›alter Kämpfer‹ der ›Bewegung‹ und ein Kriegsbefürworter ist. Veit protokolliert aber ebenso in seinem Tagebuch, dass

■ Distanz zum Regime – und zur Familie

3. Figuren

sein Vater ihm vorhalten kann, auch Veit sei »von Anfang an für diesen Krieg« (S. 31) gewesen. Der junge Soldat gesteht sich selbst zudem auch Folgendes ein: »[D]ie Partei war die Sinngebung meiner Jugend gewesen, und ich konnte mich auch jetzt von dem Gedanken, dass der F. ein großer Mann war, nicht gänzlich freimachen.« (S. 135)

Veit hat sich von seinen Eltern entfremdet und gewinnt schließlich die bittere Erkenntnis, dass er »kein Zuhause mehr« (S. 430) hat, dass zwischen ihm und seinen Eltern eine enorme Kluft liegt, die durch die Kriegserfahrung unüberbrückbar geworden ist, aber schon in der lieblosen Erziehung v. a. des Vaters (S. 437) angelegt war. Auch die gemeinsame Erinnerung an Veits tote Schwester Hilde kann das nicht mehr kitten: Veit, der noch immer von großen Schuldgefühlen geplagt ist, da er in seinem damals jugendlichen Alter Hilde während ihres Todeskampfes nicht beistehen konnte (S. 432 f.), geht bezeichnenderweise immer alleine auf den Meidlinger Friedhof, wenn er zu Hause in Wien ist (S. 27). Hilde erscheint als Kontrastfigur zu Veit, denn sie, die Todkranke, war bis zum Schluss lebenslustig und -hungrig, während der junge Soldat oft mit dem Leben »nichts anzufangen« (S. 25) weiß. Auch zu seiner Heimatstadt empfindet Kolbe eine enorme Distanz und hält von allen Abstand, »die in Wien große Reden schwangen oder sich selbst bedauerten« (S. 26). Nicht zuletzt deshalb will er weg aus der Metropole, weg von den Eltern und aufs Land. Doch so ganz wird er Wien auch dort, im Salzkammergut, nicht los, denn fast zeitgleich mit ihm sind landverschickte Mädchen aus Wien in Mondsee eingetroffen, die sogar noch aus »demselben Wiener Gemeindebezirk« (S. 47) stammen wie er. Die Begegnung mit diesen jungen Mädchen markiert den

3. Figuren

Anfang von Veits wieder erwachendem Interesse am anderen Geschlecht, für das im Feld keine Zeit und keine Gelegenheit war. Unter den Mädchen selbst, die natürlich noch zu jung für Veit sind, fühlt er sich jedoch fremd. Etwas mutiger verhält er sich gegenüber deren Lehrerin Grete Bildstein (S. 52). Doch die junge Pädagogin lässt Kolbe derart eiskalt abblitzen, dass dieser erschüttert ist: »Ich fühlte mich ganz verurteilt und war mir sicher, dass ich meine Selbstachtung in Gegenwart der Lehrerin nie mehr ganz wiedergewinnen würde.« (S. 64)

Mehr Glück hat Veit mit seiner Zimmernachbarin in seinem neuen Domizil: Margot, deren Namen er anfangs entweder nicht weiß oder nicht mitteilt, erregt schon früh sein Interesse und weckt auch seine Empathie. Er merkt, dass die Darmstädterin, die ihr Baby bei sich hat, unglücklich ist und häufig weint. Veit versucht, das Weinen der jungen Frau zu unterbrechen, nicht weil es ihn stört, sondern weil er ihr einen Gefallen tun will (S. 59). Nach und nach kommen sich die beiden näher, am Anfang vielleicht nur, um nicht alleine zu sein (S. 424), wie Veit rückblickend feststellt, doch bald schon entwickeln sie eine intensive Liebesbeziehung, die auch sexuell erfüllend ist (S. 201, 280). Veit spricht schon nach relativ kurzer Zeit davon, dass ihre Liebesgeschichte »eine der schönsten ist« (S. 205). Das hat auch damit zu tun, dass er sich entspannen kann, wenn er mit Margot zusammen ist (S. 201). Die Beziehung gibt ihm auch ein völlig neues Selbstbewusstsein im Hinblick auf seine Familie: »Seit es mit Margot einen Menschen gab, mit dem ich mich aussprechen konnte und der mich ermunterte, zu meinen Ansichten zu stehen, hatte ich nicht mehr das Gefühl, Papa unterlegen zu sein.« (S. 443)

■ Liebe zu Margot

3. Figuren

Abb. 4: Mondsee. Postkarte von 1940

Natürlich wird Veit auch von einem schlechten Gewissen geplagt, weil Margot verheiratet ist und der Mann nicht nur ahnungslos, sondern auch noch an der Front ist – und damit ein Schicksal erleidet, dem Kolbe gerade vorübergehend entkommen ist (S. 331 f.). Auch wenn sie anfänglich »keine Pläne für die Zukunft« (S. 203) schmieden, träumen Veit und Margot bald von gemeinsamen weiteren Kindern (S. 355); Veit kümmert sich auch schon früh rührend um Margots Tochter Lilo (S. 285). Wie die »Nachbemerkungen« (S. 477) informieren, werden die Träume nach dem Krieg wahr.

In Mondsee ruft die Liaison rasch missgünstigen Klatsch hervor. Auffällig ist, dass dieser Dorftratsch Veit fast ausschließlich von seinem Onkel zugetragen wird (S. 213, 281) – nur seine Wirtin, die Quartierfrau Trude Dohm, macht Veit gegenüber ebenso bissige Bemerkungen. Das moralinsaure Gerede des Onkels trägt nicht unerheblich dazu bei, dass Veit immer stärker auf Distanz

3. Figuren

zu ihm geht, denn er erkennt recht schnell, dass der Gendarm selbst alles andere als moralisch und letztlich nur an seinem eigenen Wohl interessiert ist (S. 347).

Veit wird der Onkel mit der Zeit auch körperlich regelrecht unangenehm (S. 183), und bezeichnenderweise kommen Veit die Füße des Onkels an einer Stelle bereits wie »Leichenfüße« (S. 305) vor – eine auktoriale Vorausdeutung auf das bald bevorstehende Ende des Dorfpolizisten. Veit meint immer deutlicher auch die Ähnlichkeiten zwischen dem Onkel und seinem Vater zu erkennen: Nicht nur gleicht Johann Kolbe seinem jüngeren Bruder äußerlich immer mehr (S. 288), sondern er hat für Veit auch dessen Wesenszüge: »Onkel Johann [konnte] wie Papa keine Gefühle äußern [...] außer Selbstmitleid und Verächtlichkeit gegen andere.« (S. 348) Als Veit ihn schließlich erschießt, ist die Tat somit auch ein kaum verhüllter symbolischer Vatermord. Veit tötet mit dem Onkel aber ebenso die Anteile des Vaters in sich selbst: Denn auch an sich erkennt Veit das verhasste »Selbstmitleid« (S. 356), und es ist zudem ausgerechnet der Onkel, der Veit darauf hinweist, dass es an ihm »sehr wohl einige Dinge gebe, die von [s]einem Vater kämen« (S. 348).

■ Immer größere Distanz zum Onkel

■ Mord an Johann ist auch Vatermord

Äußerer Auslöser für den Mord am Onkel ist Veits Hilfe für den Brasilianer, Robert Raimund Perttes, den Bruder der Quartierfrau, der ein Gegner des NS-Regimes ist. Kolbe freundet sich wohl auch deswegen mit dem kauzigen Gärtner an, der furchtlos seine Meinung zu sagen scheint und dafür auch in Kauf nimmt, ins Gefängnis zu kommen (S. 174, 204). Damit ist er eine Kontrastfigur zu Veits opportunistischem Onkel und zu seinem ideologisch verbohrten Vater. Die Freundschaft der beiden ungleichen Männer ist für Veit genau deshalb

3. Figuren

wichtig: Der Brasilianer ist für ihn eine glaubhafte Vaterfigur, mindestens aber ein Vorbild, bei dem Sprechen und Handeln nicht auseinanderfallen. Bei der ersten Verhaftung des Brasilianers ist Kolbe deshalb derart bestürzt, dass er sogar körperlich reagiert (S. 182), nicht zuletzt, weil ihm selbst der Mut fehlt, gegen die brutalen Gestapo-Beamten etwas zu unternehmen (S. 176). Noch einmal wird Veit die Erfahrung machen, dass er vor einer vermeintlichen Autorität des Regimes kuscht: Als der Ehemann der Quartierfrau, der SS-Mann Dohm, den Hund des Gärtners erschießt, will Kolbe einschreiten und droht ihm eine Anzeige an. »›Das werden Sie schön bleiben lassen‹, sagte er gelangweilt. Und plötzlich war ich so eingeschüchtert, dass ich mit einer Verbeugung reagierte.« (S. 215) Als mit der erneuten Verhaftung des Brasilianers die dritte Bewährungsprobe für Veit kommt, muss er handeln, sonst würde er wohl seine Selbstachtung verlieren (S. 365). Nach der Tötung des Onkels bricht für Veit eine neue Zeitrechnung an: »[D]avor hatte ich mich bemitleidet, und jetzt war ich konzentriert und hatte wieder etwas Hoffnung.« (S. 463)

Der Mitwirkung am verhassten und für ihn sinnlosen Krieg entzieht sich Veit nach seiner Verwundung zunächst durch Überredungskunst (S. 226 f.), Betrug (S. 312) und später Desertion (S. 477), dem Regime aber, vor allem der Geisteshaltung, ihm mit Selbstmitleid, Opportunismus und Empathielosigkeit für seine Opfer zu begegnen, widersetzt er sich mit der Befreiung des Brasilianers und dem Mord am Onkel radikal. Dass er dabei einen Menschen tötet, dass er alleine ihn für seine Haltung und sein Tun zum Tode verurteilt, stellt er letztlich

3. Figuren

nicht in Frage, auch wenn er später trauert und ihm, »was geschehen war, leid« (S. 458) tut: Stattdessen spürt er insgesamt ein »Gefühl[ ] von Frieden« (S. 459).

Lore Neff (Margots Mutter): Von der Hausfrau erfahren wir über ihr Äußeres lediglich, dass sie an offenen Beinen leidet (S. 86), ganz offenbar weil sie eine starke Raucherin ist (ebd.). Ihre – nicht selten auch umgangssprachlich formulierten (S. 89, 373) – Briefe an ihre Tochter Margot liefern ein authentisches Bild von einer Stadt, die am Ende des Krieges permanenten Luftangriffen ausgesetzt ist (S. 93, 265, 382). Das Leben für die Bewohner von Darmstadt ist maximal eingeschränkt, alle sind nervlich am Ende (S. 93). Immer wieder muss Lore Neff von Verwandten berichten, die im Bombenhagel umgekommen sind.

■ Leben im Krieg

Erstaunen muss aus heutiger Perspektive, dass es auch unter solchen Bedingungen einen Alltag gibt; mehr als einmal betont Lore Neff, dass das Leben trotz allem »seinen Gang« (S. 87; oder auch S. 379) gehe. Manche ihrer Briefe offenbaren aber auch syntaktisch die Erschütterungen, die die permanenten Bombardierungen zur Folge haben: »[I]ch sehe niemanden, weil ich kein Rad habe und nicht durch die Stadt gehen kann, gibt auch kein Licht, also keine Sirene, so dass man erfahren könnte, wenn die Flieger zurückkommen, ist kein Wasser und kein Gas.« (S. 265) Bitter berichtet sie auch über Kriegsgewinnler und solche, die vom Wehrdienst verschont werden, damit aber nicht zufrieden sind (S. 88 f.).

Ihr Verhältnis zu ihrem Ehemann Justus beschreibt Lore als problematisch, weil sie diesen zum einen als Choleriker (S. 85 f., 275) und zum anderen als »weiner-

3. Figuren

lich« (S. 375) wahrnimmt. An der Ehe hält sie dennoch fest. Das unterkühlte Verhältnis der Ehepartner hindert ihren Mann aber nicht daran – so zumindest Lore Neffs Schilderung –, eifersüchtig auf Herrn Hans zu reagieren (S. 275). Wenngleich sie auch da eine andere Begründung mitliefert: Sein Ärger ergebe sich wegen des Tratsches (S. 275) und nicht wegen der Avancen als solchen. Die soziale Kontrolle ist also auch in Kriegszeiten noch ›intakt‹.

■ Schwierige Beziehungen

Auch die Beziehung zu ihren Kindern scheint nicht sonderlich von Liebe geprägt zu sein, eher artikuliert Lore Neff Sorgen und Ängste: Margots schnelle Ehe und Schwangerschaft hält sie für falsch (S. 89 f.), bei ihrer jüngeren Tochter Bettine fürchtet sie beständig, sie könne sich im fernen Berlin mit Männern einlassen (S. 382). Insgesamt gehen ihr die »Blödheiten« (S. 381) der gesamten Familie auf die Nerven, sie erwartet, dass anerkannt wird, wie schön das Elternhaus doch eigentlich für die Kinder gewesen sei (S. 91). Gleichzeitig offenbart sie, dass der Umgangston zwischen ihr und den Kindern in der Vergangenheit wohl eher rau war (S. 94). Eine Kostprobe davon liefert sie, als sie es – als Antwort auf einen Brief Margots an sie – brüsk ablehnt, Margot für ihren Arbeitseinsatz zu loben (S. 277 f.). Damit und mit weiteren Aussagen gibt sie auch einen impliziten Blick auf ihr Selbstverständnis frei: Als aufopferungsvolle, hart arbeitende Frau ist sie es, die die Familie zusammenhält, auch wenn sie sich allein gelassen fühlt (S. 372).

Sie glaubt sich und ihre Familie generell nicht vom Glück verfolgt (S. 372), hat aber immer noch Hoffnungen auf einen guten Ausgang (S. 378 f.). Ein Teil ihrer Hoffnungen wird sich auch erfüllen: Die »Nachbemerkungen« (S. 477), in denen auch erstmals ihr Name genannt

3. Figuren

wird, enthüllen, dass sie den Krieg überleben und fünf Enkel haben wird.

Kurt Ritler: Der zu Beginn der Erzählung noch 16-jährige Schüler gehört als einziger Ich-Erzähler zu den Figuren, die auch eine ausführlichere Charakterisierung durch anderen Figuren erfahren. Aus Veit Kolbes subjektiver Sicht erhält der Leser einige Informationen über Kurts »recht hübsch[es]« (S. 446) Äußeres. Als Kurt und Veit vor einer Kaserne in Hainburg zusammentreffen, hat der junge Mann aber schon wesentliche Entwicklungen hinter sich: Er hat bereits viel Leid erfahren, denn als Veit ihm seine Briefe an Nanni zurückbringt, ist seine erste große Liebe bereits einige Zeit tot. Angefangen hatte die Beziehung der beiden wohl mit Klopfzeichen zwischen den nebeneinander liegenden Räumen der Heranwachsenden (S. 104). Nanni, drei Jahre jünger als ihr Cousin, war es offenbar nicht, die die Initiative für den ersten Kuss ergriff (S. 385), beiden scheint die Liebesaffäre aber gleich wichtig gewesen zu sein. In den ersten Liebesbriefen gesteht Kurt Nanni, wie groß seine Sehnsucht nach ihr ist (S. 104) und wie sehr er auf sie »steh[t]« (S. 103). Gleichzeitig scheint es Kurt wichtig zu sein, zu markieren, wer der Reifere der beiden ist: So belehrt er sie etwa über die richtige Schreibweise von »*quietschte*« (S. 104). Diese – an und für sich harmlosen – Liebesbriefe Kurts sind es aber auch, die die tragischen Ereignisse um Nanni ins Rollen bringen, denn Annemaries Lehrerin liest die Briefe mit und alarmiert die Eltern über die Beziehung der beiden, die aber anscheinend nicht weit über den ersten Kuss hinausgekommen ist. Das führt zu heftigen Reaktionen und Kurt erhält von seinem Vater sogar

■ Verliebt und unsicher

3. Figuren

harte Ohrfeigen, die ihm verdeutlichen sollen, dass der Kontakt der Jugendlichen ab sofort nur noch verwandtschaftlicher Natur zu sein hat (S. 109). Dagegen sträuben sich Kurt und Nanni und halten zunächst an ihrer Verabredung zu Ostern fest – letztlich wird das dazu führen, dass Nanni die Drachenwand trotzig alleine besteigen wird, weil Kurt wegen seiner Ausbildung zum Horcher (S. 230–232) nicht kommen kann. Kurt macht sich deshalb Vorwürfe, denn er ahnt schnell, dass Nannis Verschwinden, das ihn »ganz verwirrt« (S. 230), mit seinem Fernbleiben zu tun hat. Doch schon vor diesem für ihn beängstigenden Ereignis hat sich Kurt als Suchender erwiesen, der seinen Platz im Leben noch nicht gefunden hat (S. 105). Diese existentiellen Unsicherheiten verstärken sich nun und so versucht Kurt mit seinem Horch-Gerät nicht nur feindliche Flugzeuge aufzuspüren, sondern auch zu hören, »was [er] hören muss, damit [er] endlich Bescheid weiß« (S. 241). Selbst als er zur Wehrmacht eingezogen ist und auf seine Verlegung nach Schlesien wartet, hofft er darauf, dass dort das »Unbegreifliche in [s]einem Leben eine Erklärung finden« (S. 394) wird. Wenn solche Fragen ihm auch bleiben, so entwickelt sich der junge Mann doch auch erheblich. Beinahe trotzig versichert er Veit, dass er auch im Notfall nicht desertieren werde, »[e]r lasse niemanden mehr im Stich« (S. 448). Aus der um ein Jahr verkürzten Schulzeit gerissen (S. 243), um als Soldat einer »Volksgrenadier-Division« (S. 384) an der Front zu dienen, muss er freilich gewisse Dinge einfach akzeptieren: »[I]ch weiß, dass ich mich im Leben nicht gut auskenne, aber ich finde mich langsam damit ab, es tut nicht mehr so weh.« (S. 397) Diese Erkenntnis stellt sich bei ihm ein, nachdem er bei seinem

3. Figuren

Kriegseinsatz mit erschütternden Szenen konfrontiert wird, von denen er weiß, dass er sie nicht vergessen wird (S. 398).

In seinen Briefen an Nanni und Ferdl, an den er sich tief verzweifelt nach Nannis Verschwinden und Tod wendet (S. 384, 389), erweist sich Kurt neben seiner Beharrlichkeit in Liebesdingen als prinzipiell empathischer, einfühlsamer junger Mann. Schon früh fordert er »Schorsche« (S. 231), wie er seine Cousine auch nennt, auf, dass sie ihrer Mutter aus dem Lager in Schwarzindien nur fröhliche Briefe schicken solle, denn die Mutter sei ohnehin schon belastet genug (S. 99). Und auch nach Nannis Verschwinden sucht er die Nähe seiner Tante (S. 238, 242), um sie zu trösten, obgleich sie ihn zunächst verdächtigt, zu wissen, wo Nanni sich aufhalte. Allerdings hat Kurts Mitgefühl auch Grenzen, es erstreckt sich z. B. nicht auf die Opfer des NS-Terrors: Nahezu beiläufig berichtet er, dass man einen geflohenen KZ-Häftling aufgegriffen habe, »und er wehrte sich wie ein Teufel, sie haben ihn niedergeschlagen, bis er sich nicht mehr rührte« (S. 242 f.). Ein Wort des Bedauerns oder Entsetzens fällt hier nicht – anders als bei Veit in einer ähnlichen Situation (S. 451).

■ Empathisch – aber nicht mit allen

Wenn sich darin auch keine Regimeferne zeigt, so gibt es bei Kurt auch keine explizite Nähe zur NS-Ideologie – und keine Begeisterung für das Militär. Zum einen hat Kurt bei seinem älteren Bruder gesehen, was der Krieg oder genauer: *dieser* Krieg in der Seele derer anrichtet, die ihn erleiden müssen (S. 102, 107), zum anderen realisiert er während seiner Grundausbildung recht schnell, wie »verrückt [...] sie beim Kommiss« (S. 385) sind. Kurt ist innerlich auch deshalb auf Distanz zum Militär, weil

3. Figuren

sein Vater ihm noch mitgegeben hat, man werde ihm dort »ein paar Unebenheiten abschleifen« (S. 388). Seine Kameraden vertragen diesen Drill und vermutlich auch die Aussicht auf die bevorstehenden Kampfeinsätze schlecht und ertränken ihren »Weltschmerz« (S. 392) im reichlich zur Verfügung stehenden Schnaps. Kurt charakterisiert sich in dieser Hinsicht als ein wenig abseits stehend, als zumindest in gewissem Maße gefasster (S. 391). Auch Veit stellt bei ihrer Begegnung fest, dass Kurt abgeklärt wirke, er sogar »der Abstellung [an die Front] mit Gleichgültigkeit entgegenzublicken« (S. 448) scheint, wenn Kolbe daran auch Zweifel kommen. Ob mutig oder nicht – auch Kurt Ritler wird diesem Krieg zum Opfer fallen, wie die »Nachbemerkungen« informieren (S. 479).

■ Als jüdische Familie in Wien

Oskar Meyer: Der jüdische Zahntechniker (S. 408) und seine Familie gehören zu den unzähligen Opfern des NS-Regimes. Die Informationen zu der Figur speisen sich im Roman aus vier unterschiedlichen Quellen: Zum einen sind das die Briefe, die Oskar an seine im Exil lebende Cousine Jeannette schreibt, zum anderen führt er offenbar auch selbst ein Tagebuch (S. 402, 412). Die Übergänge zwischen diesen beiden Textsorten bleiben unmarkiert, deshalb ist es nicht immer leicht, sie zu unterscheiden. Dazu kommen als dritte Quelle einige wenige Bemerkungen Veit Kolbes, der Meyer gegen Ende der Romanhandlung trifft, als dieser als Zwangsarbeiter bei Hainburg schuften muss. Und letztlich klären die »Nachbemerkungen« (S. 477) noch das weitere Schicksal der Familie Meyer. Von Veit erhalten wir die einzige Fremdbeschreibung von Oskar Meyers Äußerem, aller-

3. Figuren

dings zu einem Zeitpunkt, als dieser bereits völlig heruntergekommen ist (S. 452). Trotzdem ist die Beschreibung der Begegnung auch für Oskars Charakter aufschlussreich: Veit bemerkt nämlich, wie vorwurfsvoll und hasserfüllt Oskar ihn, den deutschen Soldaten, anschaut, aber auch mit welchem Trotz (S. 452). Wiederholt beschreibt auch Oskar selbst solche Blicke: Er will sich Täter, aber auch die Zuschauer, die viele der Exzesse überhaupt erst ermöglichen (S. 406), für später merken (S. 120, 412).

Zumindest zu Beginn will Meyer die vielen Demütigungen, die ihm und seiner Familie das Leben in ihrer Heimatstadt Wien so bitter machen, nicht immer genau beschreiben (S. 112). Das, was er berichtet, ist aber genug, um zu verstehen, wie es sich anfühlt, plötzlich als Paria existieren zu müssen. Das Leben, »wie es gewesen ist« (S. 116), geht für die Meyers nach dem ›Anschluss‹ Österreichs an das Deutsche Reich schnell zu Ende. Oskar wird auf offener Straße angespuckt (S. 116), die Familie verliert nach und nach alles und muss schließlich in ein Zimmer mit vier weiteren Personen ziehen (S. 119). Hilfe von anderen, von ›arischen‹ Bekannten ist keine zu erwarten (S. 120). In ihrer Panik versuchen die Eheleute Meyer, in unterschiedliche Länder zu entkommen, doch schaffen sie es nicht, die notwendigen Papiere zu beschaffen oder andere Auflagen zu erfüllen (S. 114). Eine mögliche Auswanderung an die Goldküste lehnen sie selbst ab – Oskar schreckt vor allem das Klima in dem afrikanischen Land ab (S. 121). Das Fluchtziel, das die Familie dann wählt, erweist sich letztlich als fatal, auch wenn es zunächst nicht so aussieht: Sie flüchten 1942 auf illegalen Wegen nach Ungarn, wo Oskars Bruder »in einem

3. Figuren

Flucht nach Budapest

Elendsquartier« (S. 125) wohnt. Dennoch bedeutet Budapest erst einmal eine enorme Verbesserung für die Meyers, weil sie sich endlich wieder frei bewegen können. Oskar gelingt es nicht nur, mehrfach Arbeit zu finden (S. 249), sondern auch eine andere Identität zu beschaffen, die die Familie zunächst vor möglichen Repressalien schützt (S. 247). Die Lage ändert sich aber dramatisch, als die Deutschen 1944 in Ungarn einmarschieren und sofort massive antijüdische Maßnahmen einleiten. Oskar realisiert, dass die Entscheidungen der Familie, zunächst in Wien zu bleiben und dann nach Budapest zu fliehen, tödliche Irrtümer waren. Er merkt, dass er für diese existentielle Situation prinzipiell nicht gemacht ist: »Leider bin ich ein Mensch, der ein ruhiges Leben braucht und so in mancher Hinsicht den Kampf nicht aufnehmen kann.« (S. 250)

Schnell schon gerät seine Familie wieder in eine furchtbare Zwangslage: Der Alltag wird durch die vielen Gewaltakte gegen die Juden (S. 406) unerträglich, die wirtschaftliche Lage durch die antijüdischen Gesetze bald überaus prekär. Nicht nur die Deutschen schikanieren und ermorden Juden, sondern auch die Ungarn (S. 399 f.). Dazu muss Oskar immer beunruhigendere Nachrichten verarbeiten, die die wahre Dimension der Judenverfolgung betreffen: Von einem geflohenen polnischen Juden hört er von den massenhaften Vergasungen – noch aber kann er diese Berichte nicht glauben (S. 254). Dennoch hat er sich bereits entschlossen, mit seiner Ehefrau Wally und seinem Sohn Georg(ili) nach Rumänien weiterzufliehen (S. 257), wozu es aber nicht mehr kommt: Am 16. Juli 1944 verschwinden die beiden, weil sie in eine Razzia geraten und – wie die »Nach-

3. Figuren

bemerkungen« informieren – nach Auschwitz deportiert werden, wo man sie ermordet (S. 479). Oskar weiß von alldem nichts, er hofft noch bis zum Schluss, dass er Wally und Georgili wiedersieht. Allerdings ist er über deren Verschwinden völlig verzweifelt und apathisch, geht oft »fast in die Knie unter [s]einen Schuldgefühlen« (S. 401) und wünscht sich sogar, dass er selbst nie mehr aufwacht (S. 261). Auch beobachtet Oskar an sich, wie er zusehends abstumpft durch die Gewalt, die ihm überall in Budapest begegnet (S. 402 f.). Als das Leben im Judenhaus, wo er mittlerweile leben muss, für ihn unerträglich wird (S. 410), meldet er sich freiwillig für einen Arbeitseinsatz, obgleich er gewarnt wird. Der Transport führt die Juden zwar letztendlich wirklich harter körperlicher Arbeit zu, doch davor müssen die jüdischen Zwangsarbeiter noch einen grausamen Todesmarsch überstehen (S. 413 f.).

Um noch etwas von Wally an sich zu spüren, trägt Oskar das Halstuch, das er ihr nach der Ankunft in Budapest geschenkt hat (S. 418) – es ist dieses Tuch, das auch Veit aufmerksam werden lässt auf den ihm unbekannten Zwangsarbeiter in Hainburg. Oskar wird bald nach der Begegnung mit Kolbe auf einem Transport in das KZ Mauthausen ermordet, aus seiner Familie hat nur sein Sohn Bernhard (Bernili) überlebt, der noch rechtzeitig nach England in Sicherheit gebracht werden konnte (S. 479 f.).

■ Völlige Zerstörung

3. Figuren

Hauptfiguren

Johann Kolbe (Veits Onkel): Der Dorfpolizist wird ausschließlich durch Veit Kolbe charakterisiert. Alle Aussagen, die über ihn getroffen werden können, sind also immer abhängig von dieser Perspektive und müssen stets hinsichtlich ihrer Verlässlichkeit hinterfragt werden.

■ Opportunist und Egoist

Ein Motiv zieht sich bei Veits Darstellung des ältesten Bruders seines Vaters (S. 29) von Anfang an durch: dessen Ich-Bezogenheit und Berechnung. Schon bei seiner allerersten Erwähnung wird das angedeutet (S. 30). Die Gier des Onkels richtet sich dabei vor allem auf den in Kriegszeiten stark rationierten Tabak, weil Johann Kolbe ein starker Raucher ist (S. 36, 305). In ironischer Absicht schildert Veit schon die Erklärungen seines Verwandten, warum er von seiner Ehefrau getrennt lebe: Diese habe von ihm einen anderen Einsatz in seinem Beruf gefordert, sogar einen Wechsel in »ein strapaziöses Arbeitsfeld […], aber er habe ihr zu erklären versucht, dass es im Interesse einer Ehe sei, wenn der Mann gut gelaunt und ausgeruht nach Hause komme« (S. 51). Da sie ihm da widersprochen habe, habe sie sich als »egoistisch« und »dumm« erwiesen, weshalb ihm die Trennung »letztlich nicht schwergefallen« (S. 52) sei. Es ist nicht schwer zu dekodieren, dass bereits hier für Veit feststeht, dass sich der Onkel mit den beiden Adjektiven eher selbst charakterisiert. Schon früh bemerkt Veit auch, dass der Onkel gegenüber dem Krieg und dem NS-Regime eine Vogel-Strauß-Taktik verfolgt: Als Veit von den Kriegsverbrechen der Deutschen im Osten erzählen will, unterbricht ihn der Onkel (S. 37). Auch sonst sind ihm Veits Traumata herzlich egal (S. 347).

3. Figuren

Sind Veits Beobachtungen zum Onkel anfangs noch so, dass man aus ihnen lediglich eine milde Verachtung ablesen könnte, wandelt sich das spätestens mit Nannis Verschwinden. Hier müsste der Polizist eigentlich – zumindest sieht es Veit so – Himmel und Hölle in Bewegung setzen, um das junge Mädchen zu finden, doch er bleibt weitgehend passiv (S. 153). Der Onkel scheint zu Empathie nicht fähig zu sein, immer kommt er sofort auf sich selbst zu sprechen: »Scheußlich Junge! Was sind das doch beschissene Tage! Meine Verdauung macht mir zu schaffen. Es ist immer dasselbe: Ich kann nicht gleichzeitig denken und verdauen.« (S. 154) Veit bemerkt, dass alle Gefühle, die sich auf andere richten, offenbar nur vorgetäuscht sind, selbst gegenüber Nannis Mutter, die voller Verzweiflung ist (S. 158). Statt der verängstigten Frau ein wenig Hoffnung zu vermitteln, sieht Veit bei ihm »nur Ohnmacht und Gleichgültigkeit« (S. 160). Zu Veits völligem Unverständnis verdächtigt der Onkel Nannis Mutter sogar (S. 161).

Veits Urteil über seinen Oheim wird immer negativer, er empfindet ihn u. a. als »lakaienhaft[]« (S. 169). Als der Onkel nach der ersten Verhaftung des Brasilianers nicht ermitteln will, wer dessen Gärtnerei verwüstet hat, blickt Veit ihn mit einer »Mischung aus Bitterkeit und Zorn« (S. 183) an. Auch das ewige Selbstmitleid des Gendarmen ist für Veit abstoßend. Und immer deutlicher nimmt Veit Parallelen zu seinem eigenen Vater wahr: nicht nur äußerlich (S. 288), sondern vor allem auch charakterlich (S. 348). Sein Urteil verfestigt sich: »Als gänzlicher Opportunist war der Onkel das größte Arschloch von allen. Sein Hauptinteresse bestand darin, keinen Ärger zu bekommen und für sich selbst möglichst viele

■ Selbstmitleid

Vorteile herauszuschlagen« (S. 347). Für seine eigenen Bedürfnisse schreckt der Dorfpolizist nicht einmal davor zurück, Veit aufzufordern, für ihn auf dem Schwarzmarkt tätig zu sein (S. 306 f.). Selbst Drohungen unterlässt er nicht: Er deutet eine Erpressung des Brasilianers und Veits an, um an die versteckten Zigarren zu kommen (S. 308).

»Tatendrang« (S. 361) entwickelt der Onkel erst, als es um die zweite Verhaftung des Brasilianers geht. Damit ist Johann Kolbe endgültig zu einer Verkörperung dessen geworden, was Veit an dem System, an seinem Vater und auch an sich selbst hasst: Will er nicht selbst erneut passiv sein, muss er sich nun entscheiden zwischen dem Leben des Onkels und dem des Brasilianers, die zwei entgegengesetzte Prinzipien verkörpern (Opportunismus vs. Haltung). Auch wenn Veit nach der Tat weint (S. 368) und die Ereignisse ihm später leidtun (S. 458 f.), das Ende des Onkels bleibt für ihn auf grausame Art und Weise banal: »So war der Onkel jetzt nur mehr eine ins Dunkel geworfene Leiche, aus und vorbei.« (S. 366)

Annemarie (Nanni) Schaller: Das zu Beginn der Erzählung 13-jährige Mädchen, das in Wien alleine von seiner Mutter großgezogen wird, weil der Vater an Tuberkulose verstorben ist (S. 151), wird gleich von drei Figuren näher charakterisiert. Während Veit eine Außenseiterperspektive auf das Mädchen hat, weil er nur wenig mit ihr interagiert, entwirft Kurt das Bild einer Geliebten. Für Nannis Mutter schließlich ist sie nach der aufgeflogenen Affäre mit ihrem Cousin das »*Schweiniglkind*«, das »*Schuld abtragen*« (S. 146) muss. Erst nach Nannis Verschwinden wird sich ihr Blick auf die Tochter

3. Figuren

wieder mildern. Zu diesen drei Perspektiven kommen noch Aussagen anderer Figuren, die aber nur indirekt wiedergegeben werden: von dem ermittelnden Polizisten Johann Kolbe und von ihrer Lehrerin Grete Bildstein.

Über ihr Äußeres erfährt der Leser wenig, wohl aber, welchen Eindruck Nanni hinterlässt. Veit beschreibt sie als »neugierig« (S. 64) und mit einer besonderen Ausstrahlung ausgestattet. Später, als sie Veit bei einem seiner Anfälle beisteht und ihm die Hand hält (S. 139 f.), wird er konkreter: »Sie schien völlig frei, ohne Berechnung, schien gar nicht zu verstehen, was die von den Erwachsenen vorgebrachten Vernunftgründe zur Sache beitragen sollten, fest überzeugt, dass Kurt und sie füreinander bestimmt seien.« (S. 143) Bei beiden Begegnungen beschleichen ihn konkrete Vorahnungen, die man retrospektiv betrachtet als Vorausdeutungen (Foreshadowing) werten kann (S. 64, 142). Trotzdem will Kolbe dem »brutal eingeschüchterte[n] Kind« (S. 143) nicht helfen und – so wie sie es von ihm wünscht – der Mutter schreiben, um für die Beziehung der beiden Jugendlichen zu werben. Wie »brutal« die Einschüchterung durch die Mutter ist, kann man selbst nachlesen: In ihrem Brief geht sie Nanni hart an und mutmaßt, dass Nanni »solche[] Sachen« (S. 145) treibe, weil die Mutter es versäumt habe, ihr »kräftige Prügel zu verabreichen«. Sie nennt Nanni »schuldig« (S. 145). Wohlgemerkt: Im gesamten Roman erfährt man nichts Schlimmeres, als dass sich Nanni und Kurt geküsst und ineinander verliebt haben, und doch liest sich dieser Brief, als sei das junge Mädchen völlig auf die schiefe Bahn geraten. Die Mutter droht sogar damit, dass Nanni nicht mehr nach

■ Frei und ohne Berechnung

■ Unschuldige Liebe

3. Figuren

Hause kommen dürfe, sondern »sofort in eine Anstalt« (S. 146) müsse, sollte sie sich nicht ändern. Später, nach dem Verschwinden der Tochter, wird die Mutter sie nicht nur als mit einer »blühende[n] Phantasie« (S. 157) ausgestattet beschreiben, sondern auch als frühreif und umgeben von Freundinnen, die einen schlechten Einfluss auf sie haben. Die starke Konzentration der Mutter auf das Sexuelle und Körperliche wird durch die Briefe von Kurt Ritler an seine Cousine und an Ferdl nachgerade widerlegt: Es ist ein harmloses, sehr verliebtes Schwärmen, was dort im Mittelpunkt steht, eine für die erste Liebe typische Verehrung des Gegenübers. Der Kuss wird als Höhepunkt der bisherigen körperlichen Intimität beschrieben (S. 160).

In Kurts Wahrnehmung war Nanni ein »ziemliches freches Mädchen« (S. 393), das getan hat, was zu ihr passte. Retrospektiv erscheint auch Veit ihr alleiniger Ausflug in die Drachenwand als »unvernünftig« (S. 320), gleichzeitig sei er »etwas Selbstbestimmtes« gewesen: »Sie schien von anderer Substanz gewesen zu sein als ihre Mitschülerinnen, war unter anderen Gesetzen gestanden.« (S. 321) Diese Einmaligkeit und Individualität, die so gar nicht in den Nationalsozialismus zu passen scheint, bezahlt Nanni schließlich mit dem Leben. Die Beschreibungen ihrer schwer verstümmelten Leiche stehen dann im krassen Widerspruch zur Harmlosigkeit und Zartheit der ersten Liebe, wie sie von Kurt beschrieben werden: Es scheint fast, als sei der stark verweste Körper, dem die Augen und ein Unterarm fehlen, ein Kommentar der Natur auf die höchsten menschlichen Gefühle und Regungen.

3. Figuren

Margot (später verheiratete Kolbe, geborene Neff):
Margot wird von zwei Ich-Erzählern charakterisiert: zum einen – und vor allem – von Veit, der mit ihr eine Liebesbeziehung beginnt und sie anfangs nur »die Darmstädterin« nennt, und zum anderen von ihrer Mutter, die sie auch mit dem Kosenamen »Nuschi« (S. 91) anspricht. Beide Formen der Charakterisierungen sind höchst subjektiv und unterschiedlich, verdanken sie sich doch zwei sehr verschiedenen Perspektiven auf Margot. Während Veit zunehmend in ihr eine Gefährtin erblickt, mit der er sich eine gemeinsame Zukunft vorstellen kann, ist und bleibt sie für Lore Neff das Kind, dem sie noch immer in der Haltung der Erziehungsberechtigten begegnet. Die expliziten und impliziten Charakterisierungen durch Veit und die Mutter sind somit keine neutralen Beschreibungen, sondern haben immer auch eine Funktion für die Charakterisierenden.

Margot ist »*verheiratet mit einem Soldaten aus Vöcklabruck*« (S. 41), einem Ort in der Nähe von Mondsee, stammt aber eigentlich aus Darmstadt. Von Veit erfahren wir auch etwas über Margots Äußeres: »*schlanke Gestalt, lange braune Haare, sie hält sich sehr gerade*« (ebd.), auffällig für Kolbe sind auch »die orangen Sprenkel in ihren braunen Augen« (S. 458). Er beschreibt auch mehrfach eine wiederkehrende Geste, die ihr eine gewisse Abgeklärtheit verleiht: »zwei ausgestreckte Finger zur Stirn und wieder weg« (S. 59; siehe auch S. 132, 229). Dieses gestische Markenzeichen, das zu ihrer Selbstinszenierung gehört, steht zumindest anfangs in einem gewissen Widerspruch zu dem, was Veit sonst noch über sie erfährt: So erscheint sie als kränklich, denn nicht nur sagt sie Kolbe, dass sie ein Furunkel auf der Hand bekomme

■ Abgeklärt und verletzlich

3. Figuren

(S. 41), sondern durch den Tratsch der Quartierfrau erfährt der junge Soldat auch, dass sie an einem »Ausfluss« (S. 42) leide. Etwas, das die geschwätzige Vermieterin für Veit gleich einmal in die Nähe stürmischer Sexualität rückt (S. 42). Auch das Weinen, das Kolbe im Nachbarzimmer hört, legt den Schluss nahe, dass Margot weniger abgeklärt ist, als sie scheinen möchte. Ob dafür die Ehe mit Ludwig, dessen Namen der Leser erst später erfährt, verantwortlich ist, bleibt offen.

Margot ist berufstätig, hat Versicherungskauffrau (S. 190) gelernt und zunächst für die AOK gearbeitet (S. 90). Im Krieg wurde sie dienstverpflichtet »in die Fahrdienstleitung des Frankfurter Hauptbahnhofs« (S. 190) – eine Tätigkeit, die ihr offenbar viel abverlangte. Von ihren Eltern nabelt sich Margot zunehmend ab, ihre Mutter beklagt deshalb, dass sie zu wenig über sich selbst in ihren Briefen nach Hause schreibe (S. 90). Lore Neff sieht darin aber auch die Fortsetzung eines Charakterzuges, der schon immer in Margot angelegt gewesen sei (S. 371). Deutlich wird durch Veits Wiedergabe von Gesprächen mit der Darmstädterin, dass auch die Ehe mit Ludwig vor allem dazu diente, von zu Hause – besonders von ihrem Vater – loszukommen. Dabei glaubt sie, »nicht den richtigen Mann geheiratet zu haben« (S. 195). Dass sie ihren Ehemann ab einem gewissen Zeitpunkt betrügt, macht ihr offenbar wenig Gewissensbisse. Mehr noch, sie glaubt »[n]ach Kriegsende wird es auch für Ludwig in Ordnung sein, wenn [sie sich] scheiden lassen« (S. 424). Bis dahin will sie allerdings ihrem an der Front kämpfenden Mann, der auch mehrmals im Roman durch Briefe zu Wort kommt (S. 212, 280), noch nichts von ihrer Beziehung zu Kolbe sagen. Ob aus Schonung Ludwig gegenüber oder

■ Selbstständig

3. Figuren

aber auch aus Feigheit, bleibt offen. In der Beziehung mit Veit, der sie eine hundertprozentige Chance für die Zeit nach dem Krieg gibt (S. 464), sieht sie auch die Möglichkeit, eine andere Ehe zu führen als die, die sie von ihren Eltern kennt (S. 309). Gegenüber Veit gesteht sie, dass sie es aktiv betrieben habe, dass er sich für sie interessiere; dass er das erst so spät gemerkt habe, hält sie für Naivität (S. 472). Damit erscheint sie, zumindest in Veits Beschreibung, nicht als Verführte, sondern eher als Verführerin – was für die Beurteilung der Legitimität der Beziehung und von Veits moralischem Handeln nicht ganz unerheblich ist. Im Rückblick erscheint es Veit so, dass die beiden schon ein Paar waren, bevor sie sich überhaupt das erste Mal küssten (S. 198). Damit verstärkt er erneut den Eindruck, dass er nicht willentlich zum Ehebrecher wurde. Die Beziehung hat sich in dieser Lesart mehr oder weniger von selbst ergeben, sie ist Schicksal für die beiden, die einander nur ›gefunden‹ haben. Für diese Beziehung erträgt Margot dann auch das Geschwätz in Mondsee.

Margot ist für Veit nicht nur ein »wunderbarer, warmer Mensch« (S. 474), sondern vor allem der erste ihm nahestehende, der ihn nicht zu erziehen versucht (S. 200). ■ Will Veit nicht erziehen
Stattdessen begegnet sie ihm auf Augenhöhe, hört ihm zu und lässt ihn auch von seinen Kriegstraumata erzählen (S. 199). Daneben ist auch die Sexualität zwischen beiden erfüllend (S. 201, 280). Komplett ist ihr Vertrauensverhältnis freilich nicht: Margot weiß gleich zwei entscheidende Dinge nicht von Veit. Zum einen verrät er ■ Leerstellen?
ihr nicht, dass er bei seiner ersten Nachuntersuchung Befunde fälscht und sich damit vor der Rückkehr an die Front drückt, zum anderen – schlimmer noch – verheim-

3. Figuren

licht er ihr den Mord am Onkel. Letzteres ahnt sie zwar offenbar (S. 369), und bei Ersterem wäre sie wohl kaum entsetzt gewesen, zumal sie Veit bei einer weiteren Musterung sogar zur Bestechung rät (S. 423 f.) – und doch: Diese beiden Leerstellen legen zumindest offen, dass es sich nicht um eine perfekte Beziehung handeln kann, bei der das Vertrauen absolut ist. Gleichwohl behält Margot mit ihrer optimistischen Prognose für die Beziehung nach Kriegsende recht, wie die »Nachbemerkungen« (S. 477) informieren.

Robert Raimund Perttes (der Brasilianer): Der Inhaber einer Gärtnerei und Bruder der Quartierfrau Trude Dohm wird nur von Veit Kolbe charakterisiert. Dieser beschreibt Perttes zu Beginn als »hagere[n], hakennasige[n] Mann« (S. 68), der ein »faltiges Gesicht« (S. 69) hat, in dem »seine Fuchsaugen leuchteten« (S. 69 f.) Er lebte eine Zeit lang in Brasilien, kehrte aber nach Mondsee zurück, vor allem wegen der Eltern (S. 77). Schon früh gibt er Veit zu verstehen, dass es ein Fehler war, in das Deutsche Reich zurückzukommen. Sobald wie möglich will er wieder nach Südamerika. In seinem Traumland hat er als »Reformbiologe« (ebd.) gearbeitet und wurde wohl einmal um alles Geld geprellt; in seiner Gärtnerei im Salzkammergut züchtet er nun Tomaten, Gurken und Orchideen (S. 68, 70). Er lebt als Vegetarier und ernährt auch seinen Hund ausschließlich fleischlos – was im Verlauf der Handlung als sonderbar markiert wird (S. 182). Auch politisch ist Perttes ein Außenseiter, er hält mit seiner Meinung nicht hinter dem Berg (S. 69). Genau dieser Mut aber ist es, der Veit an dem knorrigen Alten (er ist Mitte 50, S. 300) fasziniert. Anders als viele andere um

■ Regimegegner und Vegetarier

3. Figuren

Kolbe herum besitzt er eine Haltung, für die er bereit ist, Konsequenzen zu tragen; er ist jemand, der sich nicht gleichschalten lässt (S. 132 f.). Der Brasilianer begreift, welche menschlichen Eigenschaften den Nazi-Staat so gut funktionieren lassen: »[S]ei dir bewusst, es ist leichter, Menschen zu Hass anzustacheln, als sie zu Liebe und Achtung zu bringen, eine Ahnung davon schlummert in jedem Menschen« (S. 136). Dementsprechend hält er auch die Rassenideologie der Nationalsozialisten für schändlich (S. 173 f.).

Zunehmend wird Perttes für Veit zu einer Kontrastfigur zu Vater und Onkel, die opportunistisch und egoistisch agieren, aber auch zu sich selbst, denn auch Veit Kolbe kuscht lange vor dem System und seinen Repräsentanten. Als der Brasilianer das erste Mal verhaftet wird, weil er öffentlich den »Minister für Öffentlichkeitsarbeit« (S. 174) einen »Ziegenfuß«, einen »Geisteskranke[n]« und eine »Missgeburt[]« nennt, erkennt Veit, dass Perttes, der ihm anfangs als »seltsam« (S. 132) vorgekommen ist, ihm mittlerweile ein »Freund« (S. 180) ist. Für seine Äußerungen wird der Gärtner schließlich zu sechs Monaten Haft verurteilt, kommt aber nach vier bereits wieder auf freien Fuß.

Der Gefängnisaufenthalt hat ihn auch körperlich gezeichnet (S. 294). Perttes schildert anschaulich, was ihm und anderen in der Haft widerfahren ist: »Folterungen sind Alltag, Todesfälle Routine« (S. 295). Gebrochen ist er allerdings nicht, eher wird seine Regimegegnerschaft noch drängender – Veit nimmt ihn deshalb auch nicht mehr als »beherrscht« (S. 329) wahr, sondern sieht ihm an, »dass ihn nur äußerste Willensanstrengung davon abhielt, ausfällig zu werden.« (S. 329) Letztlich kann und

■ Folteropfer

will Perttes das aber nicht mehr verhindern, die Selbstabschottung in »*Klein Brasilien*« (S. 302) gelingt ihm irgendwann nicht mehr: In einem »Schreiduell« (S. 337) mit seinem verhassten Schwager Dohm brechen üble Beschimpfungen aus ihm heraus, die nicht folgenlos bleiben können. Er versteht das sofort und flieht nach Schwarzindien, wo ihm offenbar die Lehrerin Bildstein ein Versteck im Gasthof bereitstellt (S. 352 f.). Warum ihm ausgerechnet die Lehrerin hilft und wie letztlich dieses Versteck auffliegt, bleibt im Roman offen. Veit begreift, dass er nun noch einmal eine Bewährungschance hat – und rettet dem Brasilianer auf Kosten des eigenen Onkels das Leben. Perttes bedankt sich zwar, kommentiert diese Hilfe aber nicht ausführlich, weil er offenbar genau versteht, dass Veits Handlung nicht nur mit ihm zu tun hat, sondern vor allem auch mit Veit selbst: »Ruhig wird das Herz erst, wenn wir geworden sind, was wir sein sollen« (S. 367), gibt er seinem jüngeren Freund noch mit, bevor er in die Dunkelheit verschwindet. Veits Hoffnung, dass Perttes den Krieg überleben möge, erfüllt sich (S. 477 f.).

Nebenfiguren

Margarete (Grete) Bildstein: Die Lehrerin der landverschickten Mädchen wird nur von Veit Kolbe charakterisiert, auch wenn dieser noch andere Figuren mit Aussagen über sie zitiert – so etwa die Kollegen seines Onkels Johann, die die junge Pädagogin heimlich »*Spitzmaus*« nennen, »wegen ihres Männern gegenüber immer strengen Gesichtsausdrucks« (S. 421). Mit dieser Äußerung ist auch schon ein zentrales Motiv benannt, das mit Grete

3. Figuren

Bildstein im Roman wiederholt verbunden wird: ihr distanziertes Verhältnis zu Männern. Dieser Abstand zum anderen Geschlecht scheint in schlechten Erfahrungen zu wurzeln. Das legt zumindest eine ihrer Bemerkungen nahe (S. 63), die Veit zitiert. Allerdings ist Kolbe in diesem Fall auch nicht recht zu trauen, denn Grete lässt ihn abblitzen. Er ist deshalb fortan bemüht, Gründe für die Kränkung zu suchen, die mehr mit dem Charakter der Lehrerin als mit ihm selbst zu tun haben. Aus Veits Erzählungen wird dennoch nicht recht klar, warum Grete von Anfang an so ablehnend auf ihn reagiert. Es gibt zwischen ihnen zwar ein merkwürdiges Gespräch über ihre Wohnorte in Wien, bei dem Grete Veit wohl unterstellt, er schaue auf sie herab, weil sie »im Heimhof« (S. 54) lebe, doch ist schon davor – zumindest in Veits Beschreibung – klar, dass die attraktive Lehrerin (»schlank, mit glänzendem braunem Haar, das sie schulterlang trug«, S. 52) ihn auf Abstand halten will. Auch ein sich anschließender gemeinsamer Spaziergang zurück zum Lager der Mädchen verläuft desaströs: Grete ist offenbar derart genervt von Veit, dass sie nicht einmal Rücksicht auf seine Kriegsverletzung nimmt und vorauseilt (S. 54 f.). Kolbe vermutet darauf hin, es könne daran liegen, dass er Soldat sei (S. 63). Doch bis zum Schluss bleibt etwas von der Anziehung übrig: »Sie gefiel mir weiterhin, vom Anschauen her, ansonsten war die Sache auch meinerseits erkaltet.« (S. 166) Zweimal entsteht dann doch so etwas wie Nähe zwischen den beiden, auch wenn die Momente nur kurz sind: einmal, als die junge Frau Kolbe »Haue« (S. 167) androht, wenn er nicht bald zunehme und etwas Farbe bekomme, und ein weiteres Mal, als sie beim Eintreffen Veits im Gasthaus errötet und da wohl schon

■ Distanziert zu Männern

3. Figuren

ahnt, dass er ihre Hilfe für den Brasilianer erraten wird (S. 351–353).

■ Regime-
gegnerin?

Ob die für sie lebensgefährliche Unterstützung des flüchtigen Gärtners damit zu tun hat, dass sie dem NS-Regime prinzipiell fernsteht, muss offenbleiben – Veit fragt nicht weiter nach und belässt es dabei, dass beide sich »mit nervösen Blicken durchschauten« (S. 352). Gleichwohl berichtet die Lehrerin mehrfach, dass sie mit der ihr vorgesetzten Schulbehörde in Konflikt stehe (S. 166, 289, 353). Etwas rätselhaft bleibt nach dieser letzten längeren Begegnung der beiden noch ein Satz von ihr, den man auch auf das NS-Regime beziehen kann, aber nicht unbedingt muss: »Mein Standpunkt ist, man muss Geduld haben, das war schon mit zwölf Jahren mein Standpunkt, und seither habe ich eine Geduld entwickelt, die zehn Irrenärzten alle Ehre machen würde.« (S. 353) Margarete Bildstein wird den Krieg überleben, wie die »Nachbemerkungen« informieren, auch nach 1945 arbeitet sie als Lehrerin, bleibt unverheiratet und stirbt 2008 (S. 479).

■ Partei-
anhängerin
und Anti-
podin

Trude Dohm (die Quartierfrau): Die Vermieterin von Veit und Margot ist so etwas wie die Antipodin gleich mehrerer Figuren: Als treue NS-Parteigängerin, die bis zum Schluss an die Wunderwaffen und den Endsieg glaubt (S. 470 f.), ist sie von ihrem Bruder, dem Brasilianer, völlig entfremdet, als missgünstige, unberechenbare, geschwätzige Person hat sie zudem nicht nur schnell Kolbe und seine Geliebte gegen sich, sondern offenbar fast das ganze Dorf. Veit zitiert gleich mehrere Schimpfwörter, die über sie fallen: »Kanaille« (Margot, S. 60), »Mistvieh« (Fleischhauer, wie Margot berichtet, S. 60),

»alte[ ] Qualle« (Margot, S. 457). Seine Einschätzung sah zu Anfang noch ganz anders aus: Als Veit in Mondsee ankommt und erstmals auf die Quartierfrau trifft, hält er sie zwar für »[s]chroff«, aber auch für eine »Repräsentantin eines groben, maulfaulen Charmes, dem meine ganze Sympathie gewiss war« (S. 33). Dieser Charme verfliegt dann aber rasch, als Veit spürt, wie aggressiv und unkalkulierbar Trude Dohm ist: Beim geringsten Widerspruch reagiert sie völlig über (S. 60) und »[w]enn der Quartierfrau der Wehrmachtsbericht nicht gefiel, beförderte sie den leeren Mistkübel mit Fußtritten über den Hof« (S. 191). Je schlechter es im Krieg für die deutschen Truppen läuft, desto ärger werden ihre Reaktionen (S. 285). Sie sei früher, das behauptet zumindest der Brasilianer gegenüber Veit, ganz anders gewesen, erst in seiner Abwesenheit habe sie sich »für eine falsche Lebensweise entschieden und diesen Teufelsknecht Dohm in die Familie eingeschleppt« (S. 135). In einem ähnlichen Zusammenhang beschreibt er sie auch als seine »kranke[ ] Schwester« (S. 299). Im Laufe der Handlung wird ihr Verhalten in der Tat zunehmend irrational; nach der Verhaftung ihres Bruders und dem Vandalismus in seiner Gärtnerei ist sie mit »wilde[m], unheimliche[m] Lachen« (S. 182) zu hören. Auch Veit gängelt sie immer öfter: »[D]ie Quartierfrau machte wiederholt gallige Bemerkungen und brachte mir regelmäßig den F. in Erinnerung, der täglich morgens um fünf aufstehe und seine Gesundheit opfere für solche Faulenzer wie mich.« (S. 284) Irgendwann lässt sich Kolbe das nicht mehr gefallen und geht in eine heftige Auseinandersetzung mit ihr: »Und Sie? Was ist mit Ihnen? Warum sind Sie nicht schon längst in einem Rüstungsbetrieb?« (S. 310)

3. Figuren

Sie wirft daraufhin eine Kerze nach ihm und nennt ihn fortan nur noch den »Wiener Drückeberger« (S. 311). Für Margot steht fest, dass die Quartierfrau »nicht richtig im Kopf ist« (S. 311). Trudes Ehemann, der SS-Mann Dohm, versucht indes gegenüber Veit das bösartige Gebaren seiner Frau mit einem eingeklemmten Nackennerv zu entschuldigen, auch er selbst sei deshalb Opfer ihrer Launen. Veit beschreibt sie dagegen als »wie aus Papier gemacht, wie ein japanisches Haus, in dem Irrsinn und Vernunft miteinander leben« (S. 470). Erst die »Nachbemerkungen« werden offenlegen, dass Trude Dohm in einer Heil- und Pflegeanstalt an einer erst spät diagnostizierten Syphilis stirbt, die sich zu diesem Zeitpunkt bereits im Quartärstadium befindet (S. 478). Inwieweit das die Figur und ihr Verhalten entschuldigt, bleibt aber offen.

■ Nicht richtig im Kopf?

Max Dohm (Ehemann der Quartierfrau): Der SS-Mann wird nur von Veit direkt charakterisiert. Allerdings zitiert der junge Soldat auch den Brasilianer, der seinen Schwager abgrundtief verachtet, vor allem wegen seiner politischen Gesinnung. Von ihm stammt auch die erste Beschreibung des ehemaligen »Lackierermeister[s]« (S. 135): Dieser sei »ein Bier trinkendes und rauchendes Bleichgesicht in Stiefeln und mit dunklen Gedanken« (S. 135). Im besetzten Polen markiere er »den neuen Menschen« (S. 135), was das genau heißt, wird auch im weiteren Verlauf der Handlung nicht recht klar. Dohm selbst beschwert sich gegenüber Veit, er »müsse nichts wie Listen schreiben, Schlangen, Schlangen, das mache ihn so gereizt« (S. 343). Die Vermutung, dass es sich bei diesen Schreibarbeiten um die bürokratische Organisation der

■ Karrierist als Täter

3. Figuren

Deportation und Ermordung der jüdischen Bevölkerung des Generalgouvernements handelt, liegt nahe, ausgesprochen wird dies aber nicht. Sein Schwager Perttes nennt ihn jedenfalls auch einen »Verbrecher« (S. 299).

Veit ist »unbehaglich in seiner Nähe« (S. 333), er fühlt sich in keiner Weise mit Dohm verbunden: »Ich dachte, mit dem nächstbesten Eskimo, der mir begegnet, verbindet mich mehr als mit diesem Trottel.« (S. 333) Schon bei seiner ersten Begegnung mit ihm durchschaut Kolbe, um was für einen Typus Mensch es sich bei Max Dohm, dessen Vornamen man erst in den »Nachbemerkungen« erfährt, handelt:

> »Dohm gehörte zu den Männern, die versuchen, sich durch schwarze Kleidung den Eindruck dichterer Substanz zu geben, ein großer, entschlossener Mann mit eckigen Schultern und flachem Gesicht, die braunen Haare mit ebenso betontem Schnitt wie die auf Taille getrimmte Uniform.« (S. 206 f.)

Erst kann Veit dem gockelhaften Auftreten des SS-Mannes etwas Komisches abgewinnen, als er bemerkt, dass der stramme Nationalsozialist beim Turnfest der landverschickten Mädchen diesen ziemlich auffällige Blicke zuwirft (S. 207). Und auch dass Dohm Margot ein »*Vollweib*« (S. 207) nennt, scheint ihn eher zu amüsieren. Doch bald schon offenbart sich Dohms wahre Natur: Er erschießt den Hund des Brasilianers, wohl weniger aus Mitleid mit dem schwer verletzten Tier als aus niederen Motiven: Er weiß ganz sicher, wie sehr sein Schwager an dem Tier hängt. Als Veit ihn darauf empört zur Rede stellen will und sogar mit Anzeige droht, schüchtert er diesen nur mit seinem »gelangweilt[en]« (S. 215) Auftreten derart ein, dass Kolbe sich sogar verbeugt.

Während andere – etwa Margots Mann – seit einem Jahr keinen Urlaub haben, ist Dohm gleich zwei Mal in Mondsee, angeblich für Dienstgeschäfte, tatsächlich kümmerte er sich intensiv um seine eigenen Vorräte. Offensichtlich glaubt er selbst trotz seiner zur Schau gestellten Siegesgewissheit nicht mehr an den ›Endsieg‹, sondern ist eher ein »Schlaumeier und Rückversicherer« (S. 333), wie Veit bemerkt. Wie bei so vielen realen SS-Angehörigen wird diese Strategie schließlich aufgehen, wie den »Nachbemerkungen« zu entnehmen ist: Dohm wird den Krieg überleben und mithilfe eines »Gesinnungsgenossen« (S. 478) kann er in Bayern ein »verwaiste[s] Elektro- und Radiogeschäft[]« übernehmen. Er bleibt juristisch offenbar unbehelligt.

Vater Kolbe: Veits Vater wird von diesem als überzeugter Nationalsozialist beschrieben, der 1938 beim ›Anschluss‹ Österreichs an das Deutsche Reich »ehrliche Tränen vergossen hatte« (S. 27). Er ist überzeugt, »in einer großen Zeit« (S. 28) zu leben. Als ›alter Kämpfer‹ (S. 429) sieht er sich als wichtigen Teil der erfolgreichen NS-Bewegung: »Zu Silvester 1938 hatte Papa mit erhobenem Glas gesagt: ›Was für ein Jahr für mich und die Welt!‹« (S. 218) 1944 ist die Zuversicht des Vaters allerdings schon erheblich reduziert, zwar glaubt er immer noch an den Endsieg (S. 29), doch Veit bemerkt bei seinem zweiten Besuch in Wien eine deutliche Veränderung: »Papa sagte, wenn er vom Krieg redete, nicht mehr unablässig *bestimmt* und *mit Sicherheit*, sondern *hoffentlich*.« (S. 218) Dennoch kommt es zwischen Vater und

3. Figuren

Sohn immer weiter zu Konflikten, vor allem, wenn es um den Krieg und die nationalsozialistische Bewegung geht: Veit hat den Eindruck, der Vater rede »über ›unsere Soldaten‹ [...] immer in der Absicht, die von [ihm] erlebten Schrecken kleiner aussehen zu lassen.« (S. 29; zu den Konflikten ebenso S. 22 f., 31, 429, 436). Zunehmend nabelt sich Veit von seinem Vater ab, erkennt immer deutlicher, was für einen Charakter das Familienoberhaupt in Wirklichkeit hat:

> »Papa tat immer so, als sei er vor allem hart gegen sich selbst. Aber wenn man genau hinsah, verschwamm diese Härte. Er schien das Leben zu führen, das er für richtig hielt, und zufällig war es auch ein angenehmes Leben, Mama räumte ihm alles Schwierige aus dem Weg.« (S. 224)

Veit versteht immer besser, was dieser ›autoritäre Charakter‹ ihm zugefügt, wie er ihn durch seine Erziehung geprägt hat – und was das mit dem NS-System zu tun hat, für das er in den verhassten Krieg ziehen muss (S. 437). Zur Persönlichkeitsstruktur des Vaters gehört auch dessen Umgang mit Humor: »[I]ch stellte [...] fest, dass Papa nie über sich selbst lachte, das war eine Besonderheit, die er mit den Männern teilte, denen er vor zwanzig Jahren Gefolgschaft geschworen hatte, alles Männer, die nie über sich und immer über andere lachten.« (S. 429)

■ Autoritärer Charakter

Veit verachtet all diese Charaktereigenschaften, zu denen sich noch wie beim Onkel das Selbstmitleid gesellt (S. 348), und eskaliert den Konflikt mit dem Vater immer weiter (S. 436) – eines bleibt allerdings ungesagt: Bei sei-

3. Figuren

nem letzten Abschied will Veit ihn damit konfrontieren, dass der Vater in Wirklichkeit nur sich selbst liebe, aber es bietet sich keine Gelegenheit mehr (S. 443). Wie endgültig Veits Abschied vom Vater ist, bleibt aber offen: Die »Nachbemerkungen« geben keine weiteren Informationen über Veits Eltern und Geschwister.

Hilli Schaller (Annemaries Mutter): Nannis Mutter wird von Veit und von Kurt beschrieben und charakterisiert sich implizit auch selbst in einem Brief, den sie an Nanni schickt. Über ihr Äußeres erfahren wir von Veit, dass es dem ihrer Tochter verblüffend ähnelt (S. 155). Das erste Mal erwähnt wird Nannis Mutter in einem Brief von Kurt: Er berichtet darüber, dass seine Tante wegen eines Briefes von Nanni »furchtbar geweint« (S. 99) habe und dass sie mit anderen Frauen im Akkord Spaten nieten muss (S. 99). Später, nach Nannis Verschwinden, wird sie offenbar aus nervlichen Gründen auf die schwere Akkordarbeit verzichten – aber dadurch auch finanzielle Einbußen haben (S. 242). Schon vor Nannis Tod ist Hilli Schaller psychisch eher labil: Als Nanni Veit Kolbe bei einer seiner Panikattacken zur Hilfe eilt, berichtet sie davon, dass auch ihre Mutter manchmal an Ähnlichem leide (S. 140).

■ Ohnmächtige Mutter

Vor Nannis Beziehung zu Kurt scheint das Verhältnis zwischen Mutter und Tochter intakt; zumindest beschreibt Frau Schaller, die alleinerziehend ist, in ihrem wütenden Brief an ihre Tochter ihre bisherige Erziehung als gewaltfrei (S. 145) und voller Güte (S. 146). Nanni sei auch immer »froh« gewesen, »eine so gute Mutter« (S. 145) zu haben. Das alles sieht sie nach den »unschönen Sachen« (S. 144) mit Kurt als beendet an.

3. Figuren

Der Mutter dürfte natürlich der zeitliche Zusammenhang zwischen diesem Brief und Nannis Verschwinden bewusst sein, die Ereignisse lasten daher noch schwerer als ohnehin schon auf ihr, sie wirkt in der Folge »[e]lend und verloren« (S. 155). Veit beschreibt ihre äußere Erscheinung, als sie in Mondsee zur Vernehmung auf dem Gendarmerie-Posten erscheint:

»Das runde, noch winterbleiche Gesicht war von Scham erfüllt, sie zwinkerte viel, aber nicht, weil ihr der Wind Staub in die Augen getragen hatte oder weil sie geblendet war, sondern als müsse sie erst wach werden, als könne sie nicht glauben, was ihr zugemutet wurde.« (S. 157)

Sie ist in großer Sorge um ihr Kind, dem sie keinesfalls zutraut, sich »einfach auf gut Glück in der Gegend herum[zutreiben]« (S. 157 f.).

Wieder zu Hause in Wien, scheint ihr die Situation vollends zu entgleiten: Kurt berichtet, dass sie herumlaufe »wie ein Gespenst, die Gesichtszüge wie von einer Toten« (S. 233). Sie ist nervlich völlig angespannt, »[f]ür sie ist alles eine Qual« (S. 242). Kurts Mutter besorgt ihr sogar ein Nerventonikum. Doch das scheint alles wenig zu nützen, offenbar tröstet sie sich stattdessen lieber mit Alkohol (S. 392). Etwas Kraft gibt ihr dagegen das verbesserte Verhältnis zu Kurt, wie dieser in einem seiner verzweifelten Briefe an die verschwundene Nanni schreibt (S. 242). Ihm gegenüber ist sie auch so offen und spricht nach drei Monaten aus, dass sie glaube, Nanni sei tot (S. 243). Nachdem ihre Ahnung zur schrecklichen Gewissheit geworden ist, vernimmt der Leser nur noch einmal indirekt ihre Stimme: Kurt berichtet seinem Freund Ferdl, dass seine Tante ihm geschrieben habe, sie habe Nannis Begräbnis erlebt wie in Trance, als ob »ein Geist durch einen Geist hindurchgeh[e]« (S. 391). Die »Nachbemerkungen« schweigen über ihr weiteres Schicksal.

Randfiguren

Hilde Kolbe: Veits Schwester ist zwar schon 1936 verstorben, also lange bevor die Romanhandlung einsetzt, aber sie ist für Veit und seine Familie noch immer eine wichtige Größe. Der Vater sieht in ihr eine stolze Nationalsozialistin: »Einige Tage nach dem Anschluss waren wir auf den Friedhof gegangen und hatten Blumen auf Hildes Grab gelegt. Und Papa hatte einen Hakenkreuzwimpel in die Erde gesteckt, ungefähr dort, wo sich einmal Hildes Herz befunden hatte.« (S. 219) Veit dagegen hadert noch immer damit, ihr nicht genügend beigestanden zu haben, besonders am Ende ihres Lebens (S. 24, 432 f.). Sie litt an Schwindsucht (Tuberkulose), musste immer wieder in der bekannten Lungenheilanstalt Hochzirl (S. 83) behandelt werden und war offenbar einmal sogar auf dem Weg der Besserung, erlitt aber einen Rückfall (S. 83). Ihr Todeskampf war entsetzlich und für alle traumatisch (S. 433). Veit hat noch immer lebhaft vor Augen, wie sie zu Lebzeiten aussah: »Sie hatte schöne, leicht sommersprossige Haut in einem großflächigen Gesicht, meistens baumelten zwei blonde Zöpfe ihren Rücken hinunter. Zuletzt trug sie einen Haarkranz wie Galizierinnen. Sie war dreiundzwanzig Jahre alt.« (S. 432) Einen Tag vor ihrem Tod rief sie ihren Bruder noch einmal zu sich und sagte ihm, sie habe sich »sehr auf dieses

■ Familiärer Fixpunkt

3. Figuren

Stelldichein gefreut« (S. 223). Bis in die Erzählgegenwart hinein beschäftigt Veit der Ausdruck »Stelldichein«, weil er »dieses Wort mit Liebenden in Verbindung brachte« (S. 223).

Immer wieder zieht es Veit bei seinen kurzen Besuchen in Wien auf den Friedhof an das Grab seiner Schwester, vielleicht auch als Akt der Wiedergutmachung. Bei seiner letzten Visite entfernt er geradezu symbolisch mit einem Taschentuch »den Schmutz aus den Vertiefungen der Inschrift: *Hilde Kolbe 11. III. 1913 – 20. X. 1936*« (S. 431).

Mutter Kolbe: Veits Mutter steht deutlich im Schatten des autoritären Vaters, sie flüchtet sich in Arbeit und hört den Ausführungen ihres Gatten nicht immer zu, was den nicht weiter stört (S. 29). Den Streit zwischen Vater und Sohn scheint sie schlichten, zumindest unterdrücken zu wollen, ist dabei aber nur mäßig erfolgreich (S. 429).

■ Mutter im Schatten

Als Veit etwas braucht, das seinen rutschenden Verband am Bein hält, leiht sie ihm ein Strumpfband und amüsiert sich köstlich darüber. Für ihren Sohn bedeutet diese kleine Geste »etwas Gemeinsames, in mehrerlei Hinsicht, und [er] wusste Mamas Lachen zu schätzen« (S. 25 f.). Dennoch scheint zwischen ihnen eher Distanz zu herrschen, die keiner von beiden überwinden kann: »Als ich sie am Küchentisch sitzen sah, abgearbeitet, mager, müde, die Haare vollständig grau, die Finger knochig und krumm, hätte ich sie gerne umarmt. Aber ich stand beim Waschbecken und schaute nur, bis sie meinen Blick suchte und in Tränen ausbrach.« (S. 30) Immerhin kann die Mutter, die die Wohnung mit vielen Fotografien von

3. Figuren

Veit ausgestattet hat, damit sie überall »ihren Schöps sehen« (S. 24) kann, artikulieren, dass sie nicht möchte, dass er nach Mondsee geht (S. 30). Doch diesen Wunsch erfüllt ihr Veit nicht – wie und ob sie den Krieg, der auch ihr und ihrem Mann einiges an Entbehrung bringt (S. 217), überlebt, bleibt offen.

Waltraud Kolbe (Schwester von Kurt): Über die älteste Schwester von Veit erfährt man lediglich, dass auch sie offenbar lungenkrank war, aber mittlerweile genesen ist. Sie ist »Doktora und unterrichte[t] im Protektorat« (S. 37).

Inge Kolbe (Schwester von Kurt): Von der dritten Schwester Veits weiß man nur, dass sie verheiratet ist und in Graz lebt (S. 37).

Johanna (polnische Zwangsarbeiterin): Die 23-jährige Polin muss zunächst für die Quartierfrau arbeiten, verdient sich aber eine Reichsmark hinzu, indem sie Veit die Stiefel putzt (S. 40). Gegenüber Veit hat sie einmal einen Gefühlsausbruch und schildert ihr Leid; sie tritt damit erst vollends als Mensch in sein Bewusstsein (S. 168). Als die Wehrmachtsberichte so sind, dass sie auf ein nahendes Ende des Krieges hindeuten, singt die junge Frau bei der Arbeit. Veit warnt sie daraufhin, auch wenn er Verständnis hat (S. 206). Sie wird schließlich aus dem Haus der Quartierfrau verlegt und muss in einer Fabrik Zwangsarbeit leisten (S. 284). Ob sie den Krieg überlebt, bleibt offen.

■ Leidende Zwangsarbeiterin

Bettine Neff: Die jüngere Schwester von Margot ist das Sorgenkind ihrer Mutter. Sie ist 16 Jahre alt und wurde

■ Sorgenkind

3. Figuren

nach Berlin dienstverpflichtet, wo sie als Straßenbahnschaffnerin arbeitet (S. 86). Lore Neff zweifelt mehrfach an der sittlichen Reife der jungen Frau (S. 89, 382) und bittet Margot, mäßigend auf sie einzuwirken (S. 273 f.). Doch ganz offenbar fruchten die Appelle der Mutter und Schwester wenig: Immer wieder bittet sie Lore Neff um die Zusendung von hübschen Kleidungsstücken, ganz offenbar, um sich in der Hauptstadt amüsieren zu können. Da die »Nachbemerkungen« darüber informieren, dass Lore Neff später einmal fünf Enkelkinder haben wird und davon nur drei von Margot stammen, ist klar, dass auch Bettine den Krieg überleben wird.

Justus Neff (Vater von Margot): Margots Vater, dessen Namen man erst in den »Nachbemerkungen« erfährt, wird von Lore Neff vor allem als Kontrastfigur zu sich selbst beschrieben. Anders als sie ist er ein Choleriker (S. 85 f., 275), »weinerlich« (S. 375) und hegt »überspannte[] Ansichten« (S. 375). Als sie den Nachbarshund beschreibt, könnte man meinen, sie spricht auch über ihren Mann: »[E]r spielt sich auf wie alle Mannsbilder, immer mit der eigenen Wichtigkeit beschäftigt« (S. 377). Die Ehe der beiden ist allenfalls zweckmäßig, nur selten gibt es offenbar Momente der Harmonie und Unbeschwertheit (S. 378). Wie in den »Nachbemerkungen« (S. 477) berichtet wird, fällt er im März 1945 in Schlesien.

■ Choleriker

Susi Ritler (Schwester von Kurt): Von Kurts kleiner Schwester erfährt man wenig Konkretes. Für ihren Bruder scheint sie zuallererst eine Belastung zu sein: »[K]leine Schnüfflerin« (S. 97) nennt er sie, weil sie offenbar der Beziehung zwischen ihm und Nanni nachspürt. Sie geht

■ »Kleine Schnüfflerin«

ihm »auf die Nerven« (S. 100) und ist in seiner Wahrnehmung offenbar der Liebling der Eltern. Susi ist es auch, die Kurt anvertraut, dass seine Tante Hilli offenbar ein Alkoholproblem hat (S. 392). Aber auch Veit Kolbe begegnet dem Mädchen einmal kurz: »Sie mochte elf Jahre alt sein, hatte hellwache Augen, schien ein wenig misstrauisch, als wisse auch sie schon vom Ernst des Lebens.« (S. 435). Über ihr weiteres Schicksal wird nichts weiter mitgeteilt.

■ Alter Kämpfer

Vater Ritler: Kurts Vater ist offenbar auch ein ›alter Kämpfer‹, der bereits vor dem Anschluss für die Nationalsozialisten tätig war (S. 397). Da auch er zum Kriegsende hin keinen Urlaub mehr von seiner Tätigkeit bei der Stadt bekommt, verliert er jedoch – wie Kurt schreibt – seinen »Idealismus« (S. 397). Nachdem Kurts Beziehung zu seiner Cousine Nanni entdeckt wird, schlägt er Kurt hart (S. 110). Doch schon vor diesem Konflikt war das Verhältnis der beiden offenbar nicht gut (S. 109). Bände spricht auch, dass der Vater nichts dagegen hat, dass sein Sohn zum Kriegsdienst eingezogen wird; er erhofft sich davon sogar einen pädagogischen Nutzen (S. 388).

■ Naiv

Mutter Ritler: Über Kurts Mutter erfahren wir wenig: Sie fasst ihren Sohn nach seiner Beziehung zu Nanni offenbar wie der Vater hart an (S. 230), macht sich gleichwohl Sorgen um ihn, als er an die Front muss. Allerdings hat sie völlig unrealistische Vorstellungen vom Krieg, wie Kurt Ferdl offenbart (S. 396). Die Luftangriffe auf Wien bereiten ihr »Angstgefühle« (S. 233), ob sie diese überlebt, bleibt offen.

3. Figuren

Erhard Ritler (Bruder von Kurt): Kurts Bruder hat offenbar schon einiges an Kriegserfahrung hinter sich. Als er für 14 Tage auf Urlaub kommt, erweist er sich nicht als besonders redselig, eher aggressiv (S. 102, 107). Klar wird, dass er nur noch versucht zu überleben. Ob ihm dies gelingt, bleibt offen.

■ Kriegsbeschädigt

Ferdl: Auch über Kurt Ritlers Freund und Briefpartner erfährt der Leser wenig: Er scheint Nanni anfangs nicht sonderlich zu mögen, will Kurt dennoch nach Schwarzindien an Ostern begleiten, was aber nicht zustande kommt (S. 106). Mit Kurt ist er zusammen in der HJ (S. 232), beim Militär trennen sich ihre Wege aber (S. 396). Trotzdem bleiben die beiden in Kontakt und nach Nannis Verschwinden wird Ferdl auch zum wichtigsten Gesprächspartner für Kurt (ab S. 384). Wie sehr Kurt ihm zugetan ist, wird deutlich, als er ihm seine größten Schätze anvertraut – gleichzeitig erhellt aus diesen Zeilen, wie kindlich Kurt letztlich noch ist, denn es handelt sich um sein »Fahrtenmesser, [s]eine dynamobetriebene Taschenlampe und [s]ein Angelzeug« (S. 394). Ob Ferdl den Krieg überlebt, wird nicht erzählt.

■ Kindliche Freundschaft

Wally Meyer: Oskar Meyers geliebte Ehefrau ist schon in Wien »in keiner guten Verfassung«, sie erscheint ihrem Mann als »regelrecht geistesverwirrt« (S. 118). Durch die judenfeindlichen Verhältnisse verfällt sie in »Lethargie« (S. 118) und Oskar erkennt nur »noch manchmal die schwärmerische Wally, die [er] geheiratet ha[t]«. Das macht ihm klar, dass er mit seiner Familie die Stadt schnellstmöglich verlassen muss, doch Wally zeigt sich uneinsichtig und es kommt zu »hässliche[n] Debatte[n]

3. Figuren

zwischen« (S. 119) den Eheleuten. Früh schon ahnt sie, wie das alles ausgehen wird (S. 124). Als der Entschluss fällt, dass die Meyers nach Ungarn fliehen, gefällt der eigentlich selbstbewussten Wally vor allem, dass sie etwas Verbotenes tun (S. 125). In Budapest ist sie zunächst so glücklich wie lange nicht mehr. Doch auch im Exil trübt sich Wallys Stimmung wieder ein, und das schon vor dem deutschen Einmarsch (S. 249). Noch schlechter ergeht es ihr, als die Deutschen Budapest besetzen und klar ist, dass die Meyers erneut in der Falle sitzen. Wieder denken sie über eine Flucht nach und wählen schließlich Rumänien als Ziel (S. 257). Doch auch Wallys »Vertrauen zu Gott« (S. 257) hilft nicht mehr: Mit ihrem Sohn gerät sie in eine Razzia und verschwindet spurlos. Erst durch die »Nachbemerkungen« erfährt der Leser von ihrer Ermordung in Auschwitz.

■ Selbstbewusste und verzweifelte Frau

Bernhard (Bernili) Meyer: Oskar und Wally Meyers Sohn konnte bereits vor dem Einsetzen der Romanhandlung nach England auswandern (S. 113 f.) und schickt von dort regelmäßig »gute Nachrichten« (S. 113 f.; siehe auch S. 248). Er schreibt nach einer Weile nur noch auf Englisch an seine Eltern. Oskar stört das nicht, denn »da es für uns in Deutschland keine Zukunft gibt, ist es um das Deutsche nicht schade« (S. 248). Die Erinnerung an Bernili ist für Oskar Meyer in seiner Verzweiflung über den Verlust von Wally und Georgili der einzige Trost (S. 258). Aus den Nachbemerkungen erfährt der Leser nur eine Adresse Bernhards in England, was dort aus ihm geworden ist oder von wann diese Adresse stammt, wird nicht näher beleuchtet.

■ Geglücktes Exil

3. Figuren

Georg (Georgili) Meyer: Vom zweiten Sohn der Meyers wird nicht viel berichtet, hauptsächlich erwähnt sein Vater, dass der Junge viel krank ist. Im Jahr 1944 hat er gleich zweimal Scharlach (S. 248), kommt aber auch danach nicht recht auf die Beine (S. 263). Und auch wenn sein Vater – schon unter dem Pseudonym Sándor Milch – über ihn schreibt, er habe »zum Schluss schon gut ungarisch gesprochen und war ein ganz raffinierter Zigeuner« (S. 263), fällt er wie seine Mutter den Deutschen in die Hände und wird in Auschwitz ermordet.

Jeannette: Über Oskar Meyers Cousine erfährt der Leser nur äußerst wenig. Sie ist offenbar Empfängerin seiner Briefe und wird mehrfach direkt angesprochen (S. 114, 250). Ihr ist die Ausreise oder Flucht ins Exil nach Südafrika gelungen (vgl. S. 114) und sie scheint in der Lage zu sein, der Familie Meyer finanziell zu helfen (S. 250, 252). Wie reich sie ist oder war, zeigt auch die Tatsache, dass sie einen Fahrstuhl besessen hat, den sie gerne nachgeschickt haben möchte (S. 116).

4. Form und literarische Technik

■ Fiktionale Erzählung

Unter der Drachenwand ist eine fiktionale Erzählung, die nicht den Anspruch erhebt, eine Geschichte zu erzählen, die sich tatsächlich so zugetragen hat. Deutlich wird dies bereits durch die Gattungsbezeichnung Roman auf dem Cover, die damit den erfundenen Charakter des Textes deutlich macht.[9] Die Haupthandlung spielt im Jahr 1944 und umfasst relativ genau ein Jahr. Da die Lektüre des Romans deutlich weniger Zeit beansprucht, spricht man von summarischem bzw. zeitraffendem Erzählen. Dabei ist das Geschehen nicht durch eine einheitliche Erzählperspektive vermittelt, sondern vor allem durch vier Ich-Erzähler (Veit Kolbe, Lore Neff, Kurt Ritler und Oskar Meyer), die ohne direkten Bezug aufeinander zu nehmen in unterschiedlichen Textsorten (Tagebuch, Brief) berichten. Dazu kommt noch eine übergeordnete auktoriale Erzählinstanz, die aber nur in den »Nachbemerkungen« richtig sichtbar wird.[10]

■ Erzählinstanzen

■ Rückblickend vermittelt

Alle Erzähler benutzen überwiegend das Präteritum und erzählen rückblickend. Dabei ist der Zeitpunkt des Erzählens hoch variabel: Manchmal geschieht dies mit kurzem Abstand zu den Ereignissen (etwa in den Briefen von Lore Neff), manchmal aus einer etwas größeren, nicht bestimmbaren Distanz (wie in Veit Kolbes Text). Allerdings hat nur die auktoriale Erzählinstanz eine Perspektive, die über Dezember 1944 hinausgeht, nur sie weiß, was aus den Figuren wird und ob sie den Krieg

---

9 Vgl. aber zur näheren Diskussion dieses Aspekts das Kapitel 6 »Interpretationsansätze«.
10 Vgl. auch hierzu die ausführlichere Diskussion in Kapitel 6 »Interpretationsansätze«.

4. Form und literarische Technik

überleben. Sie berichtet aus sehr großem zeitlichen Abstand, denn für die »Nachbemerkungen« darf man einen Zeitraum kurz vor dem Erscheinen des Romans (2018) annehmen, mindestens aber das Jahr 2008, denn das ist das letzte konkrete Datum, das dort genannt wird (S. 479).

Grob betrachtet ist der Roman chronologisch erzählt, er weist aber immer wieder auch narrative Anachronien auf: Diese kommen vor allem bei den Erzählerwechseln zustande, die dazu führen, dass mitunter massiv in der Zeit zurückgesprungen wird (etwa bei Oskar Meyer in das Jahr 1942, S. 245–248). Weitere Anachronien entstehen, weil sich manches Mal Briefe verzögern und in diesen von Dingen berichtet wird, die vom Haupterzählstrang bereits aus anderer Perspektive thematisiert worden sind und umgekehrt. Zu einem wiederholenden Erzählen kommt es auch in den Briefen selbst, etwa wenn Lore Neff mehrfach vom verheerenden Bombenangriff auf Darmstadt erzählt, weil sie nicht sicher ist, welche Informationen ihre Tochter Margot in der Zwischenzeit erreicht haben. Durch die kriegsbedingten Verzögerungen im Postverkehr kommt es zwischen den Briefpartnern so zu massiv zeitversetzten Dialogen, bei denen offenbar auch Missverständnisse entstehen.

■ Erzählerwechsel

Die dominanten Handlungsorte sind die Gemeinden Schwarzindien und Mondsee,[11] die am gleichnamigen Gewässer im Salzkammergut liegen. Nebenschauplätze sind Wien, die Heimatstadt Veit Kolbes, Kurt Ritlers und Oskar Meyers, Darmstadt, woher Lore Neff und ihre

■ Handlungsorte

---

11 Schwarzindien ist heute ein Ortsteil von St. Lorenz, während die deutlich größere Marktgemeinde Mondsee noch immer selbstständig ist.

4. Form und literarische Technik

Tochter Margot stammen, Budapest, wo Oskar Meyer mit Frau und Sohn ein vorübergehendes Exil findet, sowie Hainburg, die geschichtsträchtige Kleinstadt in Niederösterreich, bei der sich die Wege von Veit Kolbe, Kurt Ritler und Oskar Meyer kreuzen. Die Handlungsorte sind sehr gegensätzlich: Während die Großstädte unterschiedlich schwer unter den massiven Bombenangriffen der Alliierten leiden, ist es in der Provinz vergleichsweise ruhig. Von der Mangelwirtschaft im Krieg sind indes alle betroffen, wenngleich auch in dieser Hinsicht das Leben in einer fast völlig zerstörten Stadt wie Darmstadt als ungleich schwerer dargestellt ist als an den anderen Orten.

In einem Interview verrät Arno Geiger, wie er auf die Gegend in Oberösterreich als Handlungsort gekommen ist. Recherchiert habe er für diese Ortswahl nicht wirklich intensiv:

»Mit der Einschränkung, dass ich wenige Briefe vom Flohmarkt hatte, die mir die Gegend in den Blick gerückt haben. Schwarzindien! Ich hatte nicht gewusst, dass es in Österreich einen Ort gibt, der Schwarzindien heißt. Der Ort liegt unter der Drachenwand, am Mondsee. Wörter haben eine ungeheure Kraft. Schwarzindien... Mondsee... Wie das klingt! Und wenn ich mir den Zweiten Weltkrieg hinzudenke und das Wort Drachenwand danebenstelle... Das reicht als Aufforderung zum Schreiben.
Die von den Ortsnamen markierte Landschaft habe ich konsequent als literarischen Raum behandelt. [...] In der Literatur ist eine Gegend nicht geographischer Raum, sondern emotionaler Raum. Ich schreibe ja kei-

4. Form und literarische Technik

ne Reiseführer. Im Angesicht des Grauens erinnert sich der Mensch der Dinge, für die es wert ist zu leben. Dazu gehören gelungene soziale Beziehungen, aber auch Orte, Landschaften, die Natur – die am Krieg unbeteiligte, sich um den Krieg nicht kümmernde Natur.«[12]

Der Roman bietet keine einheitliche Handlung, sondern hat eine Haupterzählung (Veit Kolbes Erlebnisse während des Jahres seiner Rekonvaleszenz), die durch Nebenerzählungen ergänzt bzw. erweitert wird. Während Lore Neffs und Kurt Ritlers Briefe jeweils von Dingen berichten, die mit Figuren verbunden sind, die auch in Veits Erzählung eine zentrale Rolle spielen (Margot und Nanni Schaller), sind die Briefe und Tagebuchnotizen von Oskar Meyer am wenigsten mit der Haupterzählung verbunden. Dennoch sind Oskars Erzählungen eine wichtige Ergänzung zu Veits Narrativ: Denn hier kommt eines der zahllosen Opfer des NS-Regimes zu Wort, deren Schicksal die anderen nur sehr wenig zu interessieren scheint.

■ Haupt- und Nebenerzählungen

Der Übergang zwischen den Erzählerfiguren ist nicht markiert, was beim erstmaligen Lesen sicher zu Irritationen führt. Mit Margots Mutter Lore (ihren Namen erfährt der Leser erst in den »Nachbemerkungen«) kommt zum ersten Mal eine andere Sprecherin zu Wort (S. 85), die aber – wie auch Kurt und Oskar – deutlich anders schreibt als Veit (so sind ihr z. B. gewisse grammatische Konventionen nicht geläufig oder egal, z. B. beim Geni-

---

12 Arno Geiger in einem Interview mit Sascha Feuchert für diesen Lektüreschlüssel.

4. Form und literarische Technik

tiv: »Bettine ihrs«, S. 85). Auch innerhalb der Texte von Lore Neff, Kurt Ritler und Oskar Meyer fehlen Markierungen, wann ein Brief zu Ende ist und ein neuer beginnt oder sogar die Textsorte zwischen Brief und Tagebuch (wie bei Oskar Meyer) gewechselt wird, was vom Leser eine hohe Aufmerksamkeit erfordert. Dafür durchziehen andere Markierungen den gesamten Roman: Schrägstriche, die immer wieder den Lesefluss unterbrechen und ein weiteres irritierendes Moment darstellen. Im Interview hat sich Arno Geiger zu diesen Strichen geäußert:

■ Schrägstriche

> »Schrägstriche sind [...] eine zusätzliche Möglichkeit, den Text zu rhythmisieren: Mehr als ein Punkt, weniger als ein Absatz. Doch was die Schrägstriche vor allem vermögen, ist, dass sie den Trott der Lesegewohnheiten stören. Der Schrägstrich sagt: Hier ist etwas anders, ›Unter der Drachenwand‹ ist nicht einfach nur der hunderttausendste Roman zum Thema.«[13]

■ Aufbau

Insgesamt besteht der Roman aus 34 Kapiteln, neun stammen nicht von Veit, sondern verteilen sich gleichmäßig auf die anderen Erzähler. Dazu kommen die »Nachbemerkungen«, die der auktoriale Erzähler beisteuert. Alle 34 Kapitel tragen Überschriften, die einen Teil des jeweils ersten Satzes wiedergeben – sie geben

---

13 Interview Geiger/Feuchert (s. Anm. 12), S. 1. In diesem Sinne sind die Schrägstriche auch ein textimmanentes Fiktionssignal, d. h. sie markieren auch, dass es sich eben nicht um authentische Texte handelt, sondern um erfundene. Vgl. auch Kap. 6 »Interpretationsansätze«, wo die Schrägstriche innerhalb des fiktionalen Spiels interpretiert werden.

4. Form und literarische Technik

dem Leser deshalb nur sehr bedingt einen Hinweis darauf, um was es im folgenden Kapitel gehen wird. Allerdings sind diese partiellen Wiederholungen ein weiteres Mittel, den Text zu rhythmisieren und ihm eine ganz eigene Tonlage zu geben.

Der Roman beginnt *medias in res*, d. h. ohne Einführung oder Erklärung. Veit schildert dort seine Eindrücke unmittelbar nach der Verwundung. Die ersten Wörter »Im Himmel« (S. 7) schlagen dabei einen Bogen zum Cover und zur hinteren Umschlagseite (U4[14]), der Rückseite des Buches, wo der Himmel als einziger Teil der Fotografie jeweils nachkoloriert ist. Auch die ersten Texte der anderen Ich-Erzähler beginnen abrupt und ohne weitere Erklärung: Sie tauchen plötzlich aus dem großen Chor der Millionen anderen Briefe- und Tagebuchschreiber dieses Krieges auf.

In die Erzählungen Veits sind zudem immer wieder auch andere Texte eingebunden (etwa ein Brief von Nannis Mutter, Auszüge aus Briefen von Margots Mann Ludwig oder das polizeiliche Protokoll des Onkels nach dem Fund von Nannis Leiche). Nicht immer wird aus dem Kontext deutlich, ob Veit selbst diese Dokumente zitiert oder ob sie als vom auktorialen Erzähler später hinzugefügt gedacht werden sollen. Jedenfalls entsteht insgesamt eine komplexe Kombination aus unterschiedlichen Textsorten, deren verschiedene Konventionen man bei der Analyse einzelner Textstellen immer mit bedenken muss: In einem Tagebuch führt der jeweilige Schreiber

■ Unterschiedliche Textsorten

---

14 In der Verlagsfachsprache werden die Umschlagseiten durchnummeriert: U1 ist das vordere Cover, U2 und U3 sind die inneren Umschlagseiten, die in der Regel unbedruckt sind, U4 ist die hintere Umschlagseite.

4. Form und literarische Technik

eher ein Selbstgespräch[15] und geht vermutlich offener mit seinem Blick auf sich und auf andere um, in einem Brief dagegen verfolgt der Absender in der Regel eine Absicht, zumindest gibt es einen Adressaten, auf den das Schreiben auf unterschiedlichen Ebenen ausgerichtet ist. Entsprechend gefiltert sind dort auch Fremd- und Selbstbilder.

Ob es sich bei Veit Kolbes Text tatsächlich um ein Tagebuch handelt, könnte man freilich auch diskutieren: Zwar weist er selbst darauf hin, dass er ein solches führt (S. 419) und Adverbien wie »heute« (S. 419) legen das nahe. Doch gibt es auch Gegenargumente: So fehlt die in vielen Tagebüchern übliche Datierung der Einträge und manche summarischen Aussagen (»[E]s war das einzige Mal, dass er freundlich mit mir redete«, S. 207) lassen eher vermuten, dass Veit aus seinen (groben) Tagebuchaufzeichnungen einen neuen Text fertigt. Auf ein solches Verhältnis von zeitnahem Notat und späterer Überarbeitung deutet eine Stelle hin, in der Kolbe über das Schreiben selbst nachdenkt: In einer kursiv gesetzten und eingerückten Passage berichtet Veit zunächst über Lilos erste Gehversuche im Präsens (»*Die Kleine geht seit heute allein und lacht. Ein großer Tag.*«, S. 330), um im nächsten Absatz, der nicht kursiv über die gesamte Breite

---

15 Es gibt natürlich auch Tagebücher, bei denen das von vorneherein anders geplant ist und bereits ein Leser mit bedacht wird (etwa bei Tagebüchern von Schriftstellern, die zur späteren Publikation vorgesehen sind). Bei Veit Kolbe gibt es nur sehr wenig und dann auch nur dezente Hinweise, dass sein Text an jemand anderen gerichtet sein könnte, so etwa wenn er im Zusammenhang mit seiner Liebesgeschichte vermeintlich einen Leser anspricht: »Nimm es oder lass es.« (S. 205)

4. Form und literarische Technik

gesetzt ist, im Präteritum zu erzählen, dass Margot »sagte, vergiss nicht zu erwähnen, dass Lilio gehen kann. / ›Ich habe es schon erwähnt‹, sagte ich. / ›Dann ist es gut.‹« (S. 330)[16]

Der Abstand zwischen erlebendem Ich und erzählendem Ich scheint aber in keinem Fall so groß zu sein, dass Veit das Jahr am Mondsee schon abschließend für sich einordnen kann, auch weil er offenbar zum Zeitpunkt der Niederschrift noch nicht weiß, wie der Krieg für ihn persönlich ausgehen wird.[17] Eines aber steht für ihn schon fest in dem Moment, in dem er die Drachenwand hinter sich lässt: Dass er mit all dem »nicht fertig werde« (S. 476).

■ Erlebendes / erzählendes Ich

---

16 Es gibt weitere ähnliche Stellen (etwa S. 342). Dazu Arno Geiger: »Die kursiv gesetzten Stellen sind Teil der ›Authentizitätsfiktion‹, unmittelbare Briefzitate und unmittelbare Tagebuchzitate. Sie deuten, wenn man so will, auf eine spätere Bearbeitung durch Veit Kolbe hin.« Interview Geiger/Feuchert (s. Anm. 12), S. 5 f.
17 Im Interview verweist Arno Geiger darauf, dass die Frage nach dem genauen Erzählzeitpunkt natürlich etwas betrifft, das »jenseits der eigentlichen Romanhandlung [liegt]. Aber mir würde als in den Text encodierte Antwort gefallen: Zweite Dezemberhälfte 1944.« Interview Geiger/Feuchert (s. Anm. 12), S. 6.

5. Quellen und Kontexte

Zeitgenössische Perspektive

Zehn Jahre hat Arno Geiger nach eigener Aussage an dem Roman *Unter der Drachenwand* gearbeitet, indem er vor allem zahllose ›Ich-Dokumente‹ aus der Zeit gelesen hat:[18] Briefe und Tagebücher, die ihm halfen, einen unmittelbaren Eindruck vom damaligen Erleben zu gewinnen und davon, wie Menschen zu der Zeit ihre Erfahrungen schreibend verarbeiteten.[19] Dem Autor war es dabei wichtig, nachzuvollziehen, welche Hoffnungen und Ängste die Menschen hatten und wie sie sich selbst inmitten dieses grauenhaften Geschehens wahrnahmen. So wollte Geiger vermeiden, dass sein Roman getragen ist von einer Perspektive, die schon weiß, wie alles für die Figuren ausgehen wird, oder einen kompletten Überblick über die historischen Ereignisse hat.

Echolot-Projekt

Viele solcher Quellen, die Arno Geiger so intensiv studierte, wurden schon publiziert, in wissenschaftlichen Kontexten, aber auch als Teil eines umfassenden literarischen Projekts: Der Schriftsteller Walter Kempowski (1929–2007) hat zwischen 1993 und 2005 eine insgesamt zehnbändige Collage aus Tagebüchern, Briefen, autobiografischen Erinnerungen und Fotografien aus der Zeit des Zweiten Weltkriegs vorgelegt, der er den bezeichnenden Titel *Das Echolot. Ein kollektives*

---

18 Vgl. Interview Geiger/Feuchert (s. Anm. 12), S. 1. Ein längeres Zitat zu dieser Recherche findet sich in Kapitel 6 »Interpretationsansätze«.
19 Wie sehr Geigers Interesse auch dem Schreiben als Überlebensmittel gilt, wird schon aus der Gestaltung des Covers deutlich. Vgl. dazu Kapitel 6 »Interpretationsansätze«.

5. Quellen und Kontexte

Tagebuch gegeben hat[20]: Mithilfe der zeitgenössischen Stimmen wollte Kempowski ergründen – dem nautischen Instrument zur Messung der Wassertiefe vergleichbar –, wie die Menschen im Krieg fühlten, dachten und handelten, ohne zu wissen, wohin sich die Geschichte und ihr eigenes Schicksal entwickeln würden. Er wollte wissen, wie Prominente das taten, aber vor allem auch, wie jene Menschen sich und die Ereignisse wahrnahmen, die nicht im Rampenlicht standen, Täter wie Opfer. Kempowskis monumentales Werk gilt als Meilenstein einer literarischen Annäherung an die Erfahrungen des Krieges und des Nationalsozialismus und es bleibt eine einzigartige Quelle auch für weitere (künstlerische) Projekte, die sich mit dieser Zeit auseinandersetzen wollen, nicht zuletzt, weil Kempowski für seine überragende Arbeit ein eigenes »Archiv für unpublizierte Autobiografien« eingerichtet hatte, für das er jahrelang u. a. in Zeitungsanzeigen nach Briefen, Tagebüchern und Fotografien aus der Zeit suchte.[21]

Neben weiteren umfangreichen Archivbeständen an unterschiedlichen Orten sind aber noch immer viele dieser Dokumente in Privatbesitz oder landen nach Wohnungsauflösungen auf Flohmärkten bzw. auf Online-Marktplätzen.[22] Vieles dürfte gerade momentan auch im

---

20 Eine gute Einführung zu diesem gewaltigen und einmaligen Projekt findet man bei Eckehard Czucka, »Das Echolot«, in: *Walter-Kempowski-Handbuch*, hrsg. von Carla Damiano, Andreas Grünes und Sascha Feuchert, Berlin/Boston 2020, S. 84–119.
21 Archiv der Akademie der Künste: www.adk.de/de/archiv/index.htm (Stand: 20. 4. 2020).
22 Auch Arno Geiger hat sich auf diesen umgetan, um geeignetes Material zu finden, wie er im Interview erwähnt. Vgl.

5. Quellen und Kontexte

Müll landen, denn nicht selten fällt es Menschen heute schwer, die Schrift in den meisten Briefen und Tagebüchern zu entziffern: Sehr oft nämlich wird in diesen Texten die Sütterlin-Schrift[23] verwendet und nicht die heute übliche lateinische Schreibschrift. Mit der massenhaften Entsorgung dieser Briefe und Dokumente aber verlieren nicht nur die Familien wichtige Erzählungen ihrer Vorfahren, sondern auch unserem gesamten kollektiven bzw. kulturellen Gedächtnis gehen wichtige Erfahrungen verloren.

■ Kollektives Gedächtnis

Der Zweite Weltkrieg und der Holocaust sind jedoch so einschneidende Ereignisse, dass sie auch nach dem Aussterben der Generationen, die an ihnen beteiligt waren, auf möglichst breiter Basis erinnert werden müssen. Bei dieser notwendigen Erinnerungsarbeit spielt auch die Literatur eine enorme Rolle: Sie kann nicht nur wie Kempowski exemplarisch die Erfahrungen mittels authentischer Texte als Collage zur Verfügung stellen, sondern sie kann vor allem durch Fiktionalisierungen eine Nähe zu vergangenen Zeiten erzeugen, die kaum einem anderen Medium so umfassend gelingen. Natürlich leisten auch historische Filme einiges, ihnen aber fehlt das, was die Literatur oft auszeichnet: die Ich-Perspektive, die die Rezipientinnen und Rezipienten ganz nah an die Gefühle und Gedanken einer Figur heranführen und damit eine ganz andere Form von Anteilnahme (Empathie)

Interview Geiger/Feuchert (s. Anm. 12), S. 2 und Kapitel 4 »Form und literarische Technik«.

23 Bei der Sütterlin-Schrift handelt es sich um eine vereinfachte Ausgangsschrift der deutschen Kurrentschrift, die seit der Neuzeit bis ungefähr zur Mitte des 20. Jahrhunderts die übliche Schreibschrift in Deutschland war.

5. Quellen und Kontexte

und Perspektivenübernahme ermöglichen. Genau diesen Weg geht Arno Geiger in seinem Roman: Er hat, wie er sagt, um die 20 000 Briefe etc. gelesen, um eine Art ›Erfahrungskondensat‹ herzustellen, mit dem er seinen Roman aus unterschiedlichen Perspektiven erzählen kann. Dabei greift er nicht auf die ›echten‹ Texte direkt zurück, sondern erfindet Figuren und deren Geschichten neu, aber nur so, dass sie plausibel sind.

■ ›Erfahrungskondensat‹

Veit Kolbes Erlebnisse und die der anderen Figuren werden dazu genau in den realen historischen Hintergrund eingepasst. Alles, was hier an Fakten zum Krieg oder zur Verfolgung der Opfer des Nationalsozialismus erzählt wird, ist verbürgt. Das geht bis zu kleineren Details, die für die Handlung der fiktionalen Geschichte eigentlich unbedeutend sind: Der General, der damals in Wien solche Einheiten aufstellte, wie die, zu der auch Kurt Ritler eingezogen wurde, hieß tatsächlich Schubert (S. 384) – um nur ein Beispiel für solche ›stimmigen‹ Details im Roman zu nennen. Besonders eindrucksvoll und wirklichkeitsnah gelingen Geiger auch die Schilderungen der durch Bomben zerstörten Städte: Auch hier bleibt er eng am historischen Geschehen, schildert etwa die Angriffe auf Darmstadt hoch realistisch.

■ Historischer Hintergrund

Historische Romane, wie *Unter der Drachenwand* einer ist, können uns zudem, anders als echte Dokumente, auch eine Brücke in vergangene Zeiten bauen, die uns ja oft sehr fremd sind mit ihren anderen Werten, Normen und Verhaltensmustern. Klarmachen kann man sich das an einem Roman über das Mittelalter: Würde der historische Roman uns keine solchen Brücken bauen, bliebe vieles für uns einfach unverständlich – und das im wahrsten Sinne des Wortes: Denn die Menschen damals

5. Quellen und Kontexte

nutzen ein anderes Deutsch als wir heute. Wer aber nicht gelernt hat, Mittelhochdeutsch – wie wir diese Sprache nennen – in zeitgenössisches Deutsch zu übersetzen, wird relativ wenig verstehen. Deshalb sprechen und schreiben die Figuren in einem historischen Roman über das Mittelalter so wie wir heute – auch wenn das historisch falsch ist. Zwar ist der Zweite Weltkrieg noch eine relativ nahe Vergangenheit, und doch sollte man sich nicht täuschen, wie fremd sie uns letztlich doch auch ist. Deshalb baut uns auch Geigers Roman solche Brücken, die uns die erzählten Ereignisse besser verstehen lassen. Wie bei unserem Beispiel mit dem Mittelalter kann man sich das auch bei *Unter der Drachenwand* vor allem an der Sprache klarmachen, denn die Figuren sprechen – zumindest in gewissem Maße – anders, als sie damals tatsächlich gesprochen hätten.[24] Arno Geiger macht auf die Gründe aufmerksam, warum das in seinem Roman so ist:

»Der Roman ist im Heute (von mir) geschrieben und wird im Heute gelesen. Deshalb keine Landsersprache[25], deshalb ›F.‹ und ›Minister für Öffentlichkeitsar-

---

[24] Das heißt aber nicht, dass es nicht auch Passagen gibt, die uns unverständlich bleiben (sollen). Dazu Geiger: »Bei Oskar Meyer in der Anfangspassage tritt es am stärksten hervor, der Text ist an jemand Eingeweihten gerichtet (Jeannette). Es ist mir wichtig, dass die Leserinnen und Leser keine Eingeweihten sind. Wir Nachgeborenen bleiben bis zu einem gewissen Grad uneingeweiht, außenstehend.« Interview Geiger/Feuchert (s. Anm. 12), S. 6. Vgl. dazu auch Kapitel 9 »Wort- und Sacherläuterungen«.

[25] Mit *Landsersprache* bezeichnet man den unter (den damaligen) Soldaten üblichen Jargon.

5. Quellen und Kontexte

beit‹. Die Sprache der Nazis bedeutet heute etwas anderes als vor achtzig Jahren. Heute haben wir es aus vielerlei Gründen und völlig zu Recht mit gänzlich verurteilter Sprache zu tun, die obendrein retrospektives Wissen enthält, während ein Wort wie ›Propagandaminister‹ damals, so stelle ich's mir vor, in normalem Gebrauch stand. Es schwang jedenfalls nicht der ganze Horror mit.«[26]

So einzigartig Geigers Roman in vielerlei Hinsicht ist, so sehr gehört er doch auch zu einem Trend der Gegenwartsliteratur: Romane gerade jüngerer Autoren, die über den Nationalsozialismus, den Holocaust und den Zweiten Weltkrieg erzählen, nehmen nun verstärkt Menschen in den Blick, die nicht mehr so eindeutig in ein Schema ›Täter‹/›Opfer‹ einzuordnen sind. Wie Arno Geiger selbst betont, will auch er von jenen erzählen, die »am Holocaust vorbeistreifen«[27], die ihn dulden, weil sie nicht selbst betroffen sind, oder die so mit eigenen Dingen beschäftigt sind, dass sie keine Ressourcen für andere frei haben – oder die schlicht Angst haben, sich einzumischen. Damit stellt der Roman aber auch Fragen, die über den historischen Kontext weit hinausreichen und uns letztlich selbst betreffen: Woran werden wir heute schuldig, weil wir uns nicht für Leid interessieren, das uns vermeintlich nicht betrifft? Wo tolerieren wir Unrecht, weil wir letztlich sogar indirekt davon profitieren? Wo und ab wann sind wir bereit, uns in Gefahr zu begeben, um anderen zu helfen?

■ Entwicklungen in der Gegenwartsliteratur

---

26 Interview Geiger/Feuchert (s. Anm. 12), S. 5.
27 Interview Geiger/Feuchert (s. Anm. 12), S. 3.

5. Quellen und Kontexte

Auch andere Romane der letzten Jahre tun Ähnliches, indem sie über das ›Dritte Reich‹ erzählen und solche oder verwandte moralische Fragen adressieren – zum Teil lösen sie damit aber, anders als Arno Geigers Roman, der auf ungeteiltes Lob gestoßen ist,[28] auch erhebliche Kontroversen aus. Ein aktuelles (und vielleicht nicht ganz repräsentatives) Beispiel dafür ist Takis Würgers Roman *Stella* (2019), der die authentische Geschichte Stella Goldschlags in fiktionalisierter Form erzählt. Diese war eine ›Greiferin‹, d. h. sie musste als Jüdin für die Gestapo untergetauchte jüdische Opfer in Berlin identifizieren, damit sie verhaftet, deportiert und schließlich ermordet werden konnten. Stella Goldschlag wurde zu diesen Taten gezwungen, weil man ihr androhte, sonst ihre Familie zu töten. Dem 1985 geborenen Schriftsteller und Journalisten Würger wurde in einer hitzigen Debatte u. a. unterstellt, er werde dem tödlichen Dilemma der Frau mit seinem Roman nicht gerecht und benutze deren Schicksal nur, um literarische Effekte zu erzielen. Wie immer man sich zu diesen Vorwürfen positioniert, eines macht die heftige Auseinandersetzung um den Roman dennoch klar: Unsere aktive kollektive Erinnerungsarbeit zu Nationalsozialismus, Krieg und Holocaust, die immer auch den Streit um angemessene Formen der Erinnerung beinhalten muss, ist noch lange nicht abgeschlossen. Sie muss fortgesetzt werden, damit wir Lehren, die wir aus der Vergangenheit ziehen können, nicht vergessen. Das ist in einer Zeit, in der rechter Populismus, Nationalismus und Antisemitismus wieder um sich greifen, enorm wichtig.

---

28 Vgl. dazu Kapitel 8 »Rezeption«.

6. Interpretationsansätze

Der französische Literaturwissenschaftler Gérard Genette (1930–2018) hat in seinem mittlerweile berühmten Werk *Paratexte. Das Buch vom Beiwerk des Buches* (deutsch erstmals 1989) auf die wichtige Funktion u. a. des Covers, des (Unter-)Titels, des Klappentextes, des Mottos und des Vor- oder Nachworts eines Buches hingewiesen. Was wir oft als bloßes ›Beiwerk‹ empfinden mögen, ist in Wirklichkeit doch lektüreleitend, d. h. verantwortlich dafür, wie wir einen Text lesen und verstehen. Wird etwa ein Buch als ›Autobiographie‹ auf dem Umschlag bezeichnet, ist unsere Erwartung an das Werk eine ganz andere, als wenn dort ›Roman‹ steht. Solche (Zusatz-)Informationen – oder ›Paratexte‹, wie Genette sie nennt – werden trotzdem von manchen (ungeübten) Lesern einfach überblättert: Damit laufen sie aber Gefahr, einen Text nicht richtig einzuordnen oder gar misszuverstehen. Auch bei Arno Geigers Roman ist es mehr als lohnend, sich genauer mit den Paratexten auseinanderzusetzen: Die wichtigste Information auf dem Cover ist sicher die Gattungsangabe ›Roman‹. Mit dieser Bezeichnung weist sich der Text als fiktional aus, d. h. dass kein Wahrheitsanspruch an das Erzählte gestellt werden kann. Zwar ist mit einer solchen Angabe nicht gesagt, dass es *keinerlei* Bezug zu realen Personen, Orten oder Ereignissen gibt, aber man muss erst einmal annehmen, dass Handlung und Figuren erfunden sind und der Text eine eigenständige fiktive Welt erschafft. Wie diese mit der Realität *zusammenhängt*, ist aber immer eine spannende Frage, der wir uns für Geigers Roman etwas weiter unten noch einmal intensiv widmen. Auch schließt

■ Rolle der Paratexte

6. Interpretationsansätze

die Bezeichnung Roman natürlich nicht aus, dass ein Text realistisch *wirkt*, also so, dass man den Eindruck bekommt, etwas könnte genau so geschehen sein.

Der Titel »Unter der Drachenwand« löst eine bildhafte Vorstellung aus, selbst wenn man als Leser die Felswand gleichen Namens im österreichischen Salzkammergut nicht kennt. Diese Assoziationen sind vermutlich vor allem auf den Wortteil ›Drache‹ zurückzuführen: Die Fabelwesen stehen in der westlichen Mythen- und Sagenwelt für Chaos und Gewalt, sind in der Regel menschenfeindliche Ungeheuer, die erst von einem Helden besiegt werden müssen, damit sie keinen Schaden mehr anrichten können. Einer Bergformation, die mit einem Drachen in Verbindung gebracht wird, kommt also auch etwas Bedrohliches, Dunkles zu. Umso überraschender ist bei der Titelgebung dann aber, was das Coverbild *nicht* zeigt: Weder ist die reale Drachenwand zu sehen, noch ist auch nur irgendein Berg im Hintergrund auf dem Foto. Stattdessen sehen wir einen Mann in der Bildmitte mit nacktem Oberkörper an einem provisorischen Tisch sitzen, der schreibt. Es handelt sich dabei um eine »Fotografie aus dem Besitz des Autors«.[29] Damit drängen sich folgende Fragen geradezu auf: In welcher Beziehung steht der Autor zu dem abgebildeten Mann? Könnte es vielleicht Arno Geigers Vater sein?[30] Dazu hat sich der Schriftsteller selbst geäußert:

■ Schreiben

---

[29] Dies ist der hinteren Umschlagseite der Originalausgabe zu entnehmen. In der Taschenbuchausgabe findet sich ein entsprechender Vermerk im Impressum, allerdings ist da von einem »Motiv[ ]« und nicht von einer Fotografie die Rede (S. 4).
[30] August Geiger, dem sein Sohn Arno auch ein bewegendes

6. Interpretationsansätze

»Das Foto ist vom Flohmarkt. Ich weiß nicht, wen es darstellt, weiß aber, es ist ein junger Wehrmachtssoldat. Vermutlich Ostfront, ungefähr 1942. [...]
Was mir an dem Foto besonders gefällt, ist, dass sich ein junger Mensch mit wenigen Mitteln einen intimen, häuslichen Platz geschaffen hat. Eine Munitionskiste (mutmaßlich), eine Wehrmachtsdecke (mutmaßlich), etwas zum Sitzen, Papier und Füllfeder. Der Soldat ist ganz versunken, wirkt nicht, als rechnete er damit, fotografiert zu werden. Nur das Schreiben ist wichtig.
Vor dem Hintergrund des Krieges und im Wissen um den drohenden Tod haben die Menschen geschrieben, geschrieben, geschrieben. Täglich, wöchentlich. Immer aus dem Moment heraus. Davon wollte ich erzählen: Wie fühlt es sich an, im Krieg zu leben? Nicht rückblickend, aus einem Abstand von Jahren oder Jahrzehnten. Sondern unmittelbar, im erlebten Moment, im Moment des Schreibens.«[31]

Damit benennt Arno Geiger bereits das zentrale Thema des Romans: Er handelt davon, wie unterschiedliche Menschen den letzten Weltkrieg erleben und erleiden, wie sie versuchen, angesichts des unfassbaren Mordens, das zum Zeitpunkt der Erzählung schon fünf lange Jahre anhält, sich selbst (auch schreibend) zu bewahren. Doch dieser Krieg ist kein gewöhnlicher (wenn es so etwas überhaupt gibt): In seinem Schatten ereignet sich das größte Menschheitsverbrechen der Geschichte, der Ho-

Buch widmete (*Der alte König in seinem Exil*), wurde 1926 geboren.
31 Interview Geiger/Feuchert (s. Anm. 12), S. 2.

6. Interpretationsansätze

locaust. Und auch dieser Völkermord ist Thema im Roman, vor allem durch die Perspektive Oskar Meyers und seiner Familie.

Zu den Paratexten gehören nach Genette auch die Vor- und Nachworte – allerdings, und das gilt es besonders bei *Unter der Drachenwand* zu beachten, können diese Paratexte auch simuliert, d. h. Teil des fiktionalen Spiels sein. Schaut man sich die »Nachbemerkungen« in Geigers Roman an, so hat man zunächst einmal den Eindruck, dass der Autor hier über das weitere Schicksal echter Personen informiert: Die präzisen Daten und Fakten erwecken den Anschein der Nachprüfbarkeit. Und das Personalpronomen »ich« (S. 477) deutet darauf hin, dass hier der Autor selbst spricht, denn alle anderen vier Ich-Erzähler des Romans (Veit Kolbe, Lore Neff, Kurt Ritler und Oskar Meyer) sind ja nach Auskunft dieser »Nachbemerkungen« bereits tot. Auch in einigen Rezensionen hat das dazu geführt, dass angenommen wurde, die im Roman vorkommenden Tagebücher und Briefe seien echt bzw. wurden vom Autor ›nur‹ bearbeitet, um als Roman zu funktionieren.[32] Tatsächlich ist das für den Leser alleine nicht endgültig zu entscheiden, ob die »Nachbemerkungen« ein echter Paratext sind oder nicht. So fasst auch der Kritiker der *Frankfurter Allgemeinen Zeitung* Andres Platthaus in seiner Besprechung des Romans korrekt zusammen:

■ Fiktionales Nachwort

---

[32] Vgl. dazu etwa die Rezension von Karin Großmann in der *Sächsischen Zeitung* vom 6. 1. 2018: »Ein abgenagtes Stück Herz. Arno Geiger inszeniert einen düsteren Reigen über die Liebe am Ende des Krieges und sieht nicht zuletzt einen Hoffnungsschimmer.«

6. Interpretationsansätze

»Geiger [gelingt] mit einem letzten Kapitel aus eigener Perspektive der Geniestreich, das vorherige Geschehen nicht nur zu Ende zu erzählen, sondern dabei die Grenzen zwischen Fiktion und etwaig realer Quellenbasis so subtil zu verwischen, dass man sich nach der Lektüre in dieselbe unsichere Geborgenheit versetzt sieht, von der gerade noch erzählt wurde. War all das, was doch nicht wahr zu sein schien, am Ende tatsächlich wahr? Die Literatur ist ja auf ihre Weise wahrhaftig. Diese ist es allemal.«[33]

Damit trifft Platthaus so ziemlich genau das, was Arno Geiger beabsichtigte, wie er im Interview verrät:

»Ich habe das Schreiben dieses Romans ein Jahrzehnt lang vorbereitet. Aber ich wollte nicht retrospektiv recherchieren anhand von Büchern, die über diese Zeit geschrieben worden sind, sondern unmittelbar aus der Zeit heraus. Das heißt, ich musste an Originaltöne herankommen, Briefe, Tagebücher. […] Am Ende waren es wohl gegen zwanzigtausend Briefe, die ich gelesen habe. Man könnte auch sagen, die ich gesiebt habe. So bin ich an den Sand gekommen, aus dem ich das Haus gebaut habe. Ein erfundenes Haus aus echtem Sand. Die Geschichte ist erfunden, die

---

33 Andreas Platthaus, »Keine Hoffnung ohne Horror. Arno Geigers meisterlicher Roman *Unter der Drachenwand* führt ins Weltkriegsjahr 1944 und zeigt das erschreckende Nebeneinander vom Untergang der Gesellschaft und dem Beharrungswillen des Einzelnen«, in: *Frankfurter Allgemeine Zeitung* (9. 1. 2018), S. 10.

6. Interpretationsansätze

Charaktere sind von mir erschaffen, aber die Details sind ›echt‹.«[34]

Damit betont Geiger das, was er den »Wirklichkeitscharakter«[35] des Romans nennt: Die Geschichte mag fiktional sein, das Setting und das Panorama der Figuren, ihr Kampf ums Überleben, ihre Hoffnung auf ein ›Danach‹ sind es nicht. Das alles ist zusammengesetzt aus ›Wirklichkeitspartikeln‹, die Geiger akribisch zusammengetragen hat. Seine Erzählung aus dem letzten Jahr des Krieges ist somit in vielerlei Hinsicht realistisch – und das fängt schon bei der Erzählperspektive an. Geiger hat sich nämlich dazu entschieden, keinen einzelnen Erzähler berichten zu lassen, der aus einer übergeordneten Perspektive eine quasi allgemeingültige Geschichte präsentieren könnte, sondern es kommen gleich vier Ich-Erzähler zu Wort, die über sehr unterschiedliche Facetten der Wirklichkeit im Jahr 1944 erzählen. Damit zeigt der Roman schon in seiner narrativen Anlage, dass der Krieg eben kein Geschehen ist, das für alle gleich ist, sondern ein gewaltiges, gewalttätiges Ereignis, das Millionen Individuen verschlingt und Millionen singuläre Lebensgeschichten verändert und/oder vernichtet. Will man verstehen, was ein Krieg wirklich bedeutet, muss man bereit sein, Einzelschicksalen zu folgen und den subjektiven Berichten derer zuzuhören, die in seine Mühlen geraten.

Dennoch gibt es im Roman auch eine ordnende Instanz, die die Erzählerstimmen arrangiert, in die Texte der Ich-Erzähler behutsam eingreift und in den »Nach-

---

34 Interview Geiger/Feuchert (s. Anm. 12), S. 1.
35 Interview Geiger/Feuchert (s. Anm. 12), S. 1.

6. Interpretationsansätze

bemerkungen« (S. 477) über das weitere Schicksal der Figuren erzählt. Dies ist nicht der Autor selbst, wie wir gesehen haben (er ist es ja nicht, der im Nachwort ›ich‹ sagt, dieses ›ich‹ ist ebenso erfunden), sondern ein auktorialer Erzähler, also eine weitere Erzählinstanz, die aber nur dezent auftritt und erst in den »Nachbemerkungen« wirklich erkennbar wird. Aber sie ist vorher schon präsent: Wir dürfen z. B. annehmen, dass dieser auktoriale Erzähler, den wir uns als einen fiktiven Herausgeber der fiktionalen Texte vorstellen können, die Schrägstriche in alle Texte der so unterschiedlichen Ich-Erzähler eingefügt hat oder dass es diese Instanz ist, die den Leser in eckigen Klammern informiert, dass etwas »[a]n die Ränder geschrieben« (S. 418) ist, oder dafür sorgt, dass die Namen der führenden Nationalsozialisten in keinem der Texte ausgeschrieben, sondern immer nur abgekürzt werden.[36] Natürlich kann man sagen, dass die auktoriale Erzählinstanz eine Art verlängerter Arm des Autors selbst ist (von dem ja letztlich auch alles stammt), aber es ist wichtig, beide zu unterscheiden, denn die Erzählinstanz ist Teil des fiktionalen Spiels, der Autor nicht.

■ Herausgeberfiktion

Die vier Ich-Erzähler, die so unterschiedliche Perspektiven auf den Krieg und den Holocaust haben, sind sprachlich gut voneinander zu unterscheiden. Veit ist derjenige, der am anspruchsvollsten schreibt. Er ist deutlich an einem literarischen Stil orientiert und verlässt diese Sprachebene eher selten (siehe S. 43 für eine der seltenen umgangssprachlichen Ellipsen).[37] Das mag auch

■ Ich-Erzähler

---

36 Zu diesen (fiktiven) Eingriffen in die Texte vgl. das Kapitel 4 »Form und literarische Technik«.
37 Manchmal schreibt sich auch der Schrecken in die Sätze Veits ein, die er dann offenbar nicht überarbeitet, um dieses Entset-

6. Interpretationsansätze

daran liegen, dass er seinen Text einer Bearbeitungsroutine[38] unterzieht und nicht wie die anderen drei Erzähler sehr spontan schreibt bzw. schreiben muss, weil die Situation ihnen keinen Raum für eine größere textliche Sorgfalt lässt. Trotzdem ist auch Veits Text keine retrospektive Erzählung, in der mit großem zeitlichen Abstand auf die Ereignisse und die Entwicklung der eigenen Person geblickt wird. Im Gegenteil: Sein bearbeitetes Tagebuch bleibt ein Produkt des Augenblicks, seine Perspektive reicht nie über den Dezember 1944 hinaus. Für den Autor Arno Geiger war es auch enorm wichtig, keine abgeklärte, rückblickende Erzählung vorzulegen, sondern mit seinem Roman einen anderen Blick auf den Zweiten Weltkrieg und die in ihm handelnden Menschen zu werfen:

> »Da Literatur in meinem Verständnis von Dingen erzählen soll, von der nur Literatur erzählen kann, wollte ich keine retrospektive Erzählung schaffen. Das Retrospektive überlasse ich der Geschichtsschreibung, die hier Außerordentliches geleistet hat. ›Unter der Drachenwand‹ geht zurück in den Moment, zurück in den emotionalen Raum, was der Geschichtsschreibung, die der Nachprüfbarkeit verpflichtet ist, untersagt ist.

zen sichtbar zu halten: so etwa, als er beobachtet, wie die beiden Gestapo-Beamten auf das Gewächshaus zugehen und dabei den Hund misshandeln. Gleich sieben Sätze hintereinander beginnen an dieser Stelle mit »[u]nd« (S. 176), um zu verdeutlichen, wie atemlos Kolbe das Geschehen verfolgt.

[38] Vgl. dazu Kapitel 4 »Form und literarische Technik«.

6. Interpretationsansätze

Das Tagebuchartige im Bericht von Veit Kolbe und teilweise auch von Oskar Meyer und das Briefartige in den anderen Berichten sind literarische Mittel, die mir das von mir angestrebte unmittelbare Erzählen ermöglichen. Deshalb zuweilen ein etwas umgangssprachlicher, salopper Tonfall, deshalb das Sprunghafte und Assoziative, das privates Schreiben kennzeichnet.«[39]

Schreiben und erzählen scheinen für Veit Kolbe existentiell zu sein, nur so kann er mit seinen Traumata umgehen und seinem noch unsicheren Platz in dieser völlig aus den Fugen geratenen Welt: »Schreiben sei eine besondere Art, Angst zu haben, sagte Arno Geiger einmal und auch, dass er erzählend die Leerstellen seiner Existenz auffülle.«[40] Der Rückzug in das vom Krieg noch einigermaßen verschonte Mondsee erlaubt es Veit Kolbe, sein Leben schreibend in den Blick zu nehmen und ernsthaft zu erkunden, »wer man ist und werden möchte«.[41] Obgleich Kolbe schon fünf lange Jahre Soldat ist und als solcher Teil eines entsetzlichen Krieges, ist er zu Beginn der Erzählung noch immer auch in zentrale Konflikte und Themen verstrickt, die in der damaligen Zeit eigentlich nicht mehr typisch für einen jungen Mann sei-

---

39 Interview Geiger/Feuchert (s. Anm. 12), S. 5.
40 Meike Fessmann, »In der Schutzblase. Mondsee, 1944: In seinem neuen Roman *Unter der Drachenwand* erzählt der österreichische Schriftsteller Arno Geiger von Leben, Leid und Lieben eines jungen Kriegsversehrten«, in: *Süddeutsche Zeitung* (10.1.2018), S. 12.
41 Fessmann (s. Anm. 40), S. 12. Das bedeutet aber nicht, dass Veit Kolbe nicht auch zur Ironie fähig ist (S. 14).

6. Interpretationsansätze

■ Veits (verzögerte) Entwicklung

nes Alters sind: Die Ablösung von seinem Elternhaus ist ihm noch nicht vollständig gelungen und eine eigene Beziehung hat er auch noch nicht aufbauen können. Das führt zu der aberwitzigen Situation, dass Veit zwar im Krieg beständig gezwungen ist, eine Verantwortung zu übernehmen, bei der es buchstäblich um Leben und Tod geht – er aber seinen Vater noch immer als übermächtig empfindet und erst mit der Beziehung zu Margot langsam das Gefühl entwickeln kann, ihm nicht mehr unterlegen zu sein (S. 443). Veit Kolbe steht damit stellvertretend für Millionen junger Männer, denen Krieg und Soldatendasein die wichtigen Jugend- und Entwicklungsjahre raubten. Die allermeisten von ihnen hatten aber anders als Veit keine Ruhepause vom Krieg, um sich selbst zu finden, sondern kehrten beschädigt an Leib und Seele zurück: unfertig, traumatisiert und ›erzogen‹ zu und durch Gewalt. Die Jüngeren von ihnen – wie etwa Kurt Ritler – waren dabei schon in einem System aufgewachsen und sozialisiert worden, dessen oberste Erziehungsziele im bedingungslosen Gehorsam und der Unterwerfung unter die Volksgemeinschaft bestanden. Unabhängige Individuen, die ihren Weg selbstbewusst und selbstbestimmt gehen, sollten sie nicht werden.

Doch auch die Älteren waren, wie Veit Kolbe, oftmals von Vätern aufgezogen worden, die einer ganz eigenen ›Pädagogik‹ anhingen: Gelobt wurde nie, stattdessen ein

■ Erziehung

> »ständige[s] Voranpeitschen der Kinder mit Kritik, immer nur Negatives […]. Die Kindheit ist wie ein Holz, in das Nägel geschlagen werden. Die guten Nägel sind die, die nur so tief im Holz stecken, dass sie halten, sie beschützen einen wie Stacheln. Oder man kann später

6. Interpretationsansätze

etwas daran aufhängen. Oder man kann die Nägel herausziehen und wegwerfen. Schlecht sind die ins Holz gedroschenen Nägel, deren Köpfe tiefer liegen als die Oberfläche des Holzes, man sieht gar nicht, dass dort etwas Hartes ist, ein vor sich hinrostender Fremdkörper. / Papa hatte die Nägel immer ganz fest ins Holz gedroschen durch ständiges Hämmern auf immer dieselben Stellen.« (S. 436 f.)

Veit erkennt im Laufe seiner Erzählung, wie diese Erziehung mit seinen Erfahrungen als Soldat zusammenhängen: »Was die Familie an Persönlichkeitszerstörung anfängt, setzt der Krieg fort.« (S. 437) Dagegen begehrt der junge Mann nun auf, sein Widerstand gegen die ihm eingetrichterten Werte und Normen wird beständig existenzieller. Der Ablehnung des Vaters und seines »Geschwätz[es]« (S. 23) folgt die zunehmende Verachtung des Onkels, der nicht nur dem Vater in zentralen Charaktereigenschaften ähnelt, sondern auch einen Typus verkörpert, der durch seinen Opportunismus und seine Selbstbezogenheit andere in tödliche Gefahr bringt, ganz einfach, weil sie ihm egal sind. In Vater und Onkel sieht Veit vielleicht auch die Schreckensvision seiner eigenen Zukunft: Auch an sich selbst bemerkt er nämlich das Selbstmitleid, das ihn an den beiden so abstößt (S. 356). Und zweimal macht Veit die Erfahrung, dass auch er den falschen Autoritäten nichts entgegenzusetzen hat: Einmal, als er empört mit ansieht, wie Gestapo-Beamte unter massiven Misshandlungen den Brasilianer verhaften, ohne seinem Freund zu helfen (S. 176 f.), und ein anderes Mal, als er dem SS-Mann Dohm nicht Einhalt gebieten kann und sich sogar noch vor ihm verbeugt (S. 215).

6. Interpretationsansätze

■ (Selbst-)Befreiung (?)

Ihm dürfte bewusst sein, dass er sich in diesen Situationen mindestens so »lakeienhaft[ ]« (S. 169) verhält wie der zunehmend verhasste Onkel. Die Befreiung des Brasilianers, der in seiner Unkonventionalität und Unangepasstheit für Veit zum Vorbild geworden ist, ist deshalb für ihn auch ein Akt der Selbstbefreiung, der Mord am Onkel auch ein symbolischer Mord am Vater und ein Versuch, die verhassten Charaktereigenschaften auch in sich abzutöten. Veit rettet dadurch ein Menschenleben – aber, und das darf man nicht vergessen, er opfert auch eines. Er tötet einen Menschen, der sicher unangenehm war, aber auch nicht zu den größten Verbrechern des NS-Systems gehörte. Er tötet, wie er auch im Krieg wohl schon töten musste, aber dieser Schuss auf den Onkel ist anders als ein Schuss auf den Feind: Die Notwendigkeit, ihn abzugeben, kommt nicht von außen, sondern vor allem von innen. Und so nachvollziehbar Veits Tat psychologisch auch ist, so notwendig und folgerichtig sie aus seiner Erzählung heraus auch erscheint, so fragwürdig bleibt sie doch. Auch Veit ist das sofort klar: »[W]ohl war mir nicht dabei, und ich konnte im nächsten Moment auch nicht glauben, dass ich soeben das Gute vollbracht hatte, das jeder Mensch in seinem Leben vollbringen soll. Von gut war alles weit entfernt.« (S. 366) Es ist auch kein Zufall, dass Kolbe bei der Beschreibung der Tat nicht nur das Pervitin nochmals erwähnt (»Und das Pervitin war bestimmt auch nicht ganz schuldlos, dass ich abdrückte«, S. 366), sondern den Schuss auch als Reaktion auf die ganze »Schäbigkeit[ ] des Onkels« (S. 366) darstellt, die in dessen Satz »Es ist schon genug Unheil angerichtet« (S. 365) für Veit aufscheint.

Der junge Mann fühlt sich in der Folge nicht mehr

6. Interpretationsansätze

wohl in Mondsee, er hat das Gefühl, »das Blut des Onkels riechen zu können« (S. 420), wann immer er sich umdreht. Selbst als sich das »Grundgefühl [...]: Der Onkel ist tot, der Brasilianer und ich aber leben, und das ist die Hauptsache« (S. 428) verfestigt, bleiben ihm Zweifel. Bestürzt fällt ihm auf, dass er »ja schon wie der Onkel« (S. 429) sei, als er seine Eltern im Gespräch über den toten Bruder des Vaters mitleidlos abkanzelt (»Er ist tot und fertig«, S. 428). Und auch die Tatsache, dass er seiner Geliebten Margot nichts über den Mord erzählt, spricht Bände. Er selbst weiß auch schon, dass »wie vom Krieg auch von Mondsee etwas in [ihm] bleiben wird, etwas, mit dem [er] nicht fertig werde[n]« (S. 476) wird.

Die hinter ihm liegenden Erfahrungen haben Veits Wertekompass allerdings doch deutlich verändert und er wird in der Folge – wie uns die »Nachbemerkungen« informieren – radikale Konsequenzen ziehen, auch wenn sie ihn in tödliche Gefahr bringen. In Zukunft will er nicht mehr Teil dieser sinnlosen Tötungsmaschinerie sein: Der Mord am eigenen Onkel hat somit immerhin dazu geführt, dass Veit am Massenmord des Krieges nicht mehr mitwirkt und desertiert. Denn tatsächlich darf man vermuten, dass sich hinter dieser Flucht keine Feigheit verbirgt und purer Egoismus, sondern ein Reifeprozess: Immer wieder hat Veit artikuliert, wie entsetzlich ihm die Verbrechen erscheinen, die die Deutschen vor allem an der Ostfront begehen, v. a. auch an der jüdischen Bevölkerung: »Während des Vormarsches in der Ukraine war mir nicht entgangen, dass im rückwärtigen Heeresgebiet Erschießungen stattfanden. Aber ich war so sehr mit meinem eigenen Los beschäftigt gewesen, dass ich mir gedacht hatte: Was gehen mich die

6. Interpretationsansätze

Juden an?« (S. 453) Veit weiß jetzt offenbar endgültig, dass man nur persönlich Verantwortung übernehmen kann, dass auch ein stummes Ertragen Schuld bedeutet, selbst wenn man wie er an den geschilderten Massenmorden nicht selbst teilnimmt (S. 454). Schon während seiner Rekonvaleszenz hatte er mit unlauteren Mitteln versucht, seine Rückkehr in den Krieg zu verhindern, mindestens hinauszuzögern. Doch zwischen dem Fälschen von medizinischen Befunden und der Desertion besteht ein wesentlicher Unterschied. Während Ersteres ein verdecktes Tun ist, ein Sich-Wegducken, ist Letzteres ein offenes Bekenntnis: Ich mache nicht mehr mit. Wir wissen über die genauen Umstände der Desertion nichts, doch dürfen wir nach allem, was wir über Veits Entwicklung in diesem Roman gelernt haben, als Leser annehmen, dass sie das Ergebnis einer bewussten Entscheidung war. Denn schon zuvor hat Veit kurz über eine Flucht aus dem Militär nachgedacht: Als er Kurt in Hainburg seine Briefe an Nanni übergibt, erzählt ihm dieser, sein Vater habe ihm geraten, immer zivile Kleidung dabeizuhaben »und die Uniform notfalls wegzuwerfen« (S. 448).[42] Veit versucht die Position des Vaters zu stützen und den jungen Ritler zu überzeugen, dass Überleben das Einzige sei, das jetzt noch zähle. Kurt allerdings ist noch nicht so weit wie Veit, er hat aus der Tragödie um Nanni zwar auch gelernt, aber offenbar nicht das Richtige: Er will »niemanden mehr im Stich« (S. 448) lassen, sagt er, und unter einem fremden Regime wolle er ohnehin nicht leben. Seine Solidarität gilt somit dem

---

42 Es sei nur am Rande bemerkt, dass es erstaunlich ist, dass mit Kurts Vater ein an und für sich überzeugter Nationalsozialist diesen Ratschlag erteilt.

6. Interpretationsansätze

Falschen und den Falschen, wie Veit längst weiß, weshalb er Kurt resigniert nachsieht. Veit dürfte in Hainburg, diesem hoch symbolischen Ort, der schon so viele Kriege, so viele Imperien gesehen hat, endgültig klar werden, womit er Schluss machen muss: Es ist hier, dass er angesichts der misshandelten jüdischen Zwangsarbeiter an die Erschießungen hinter der Front zurückdenkt, es ist hier, dass er bemerkt, wie ihn auch die Zuschauerrolle schon schuldig werden lässt. Oskar Meyers hasserfüllter Blick lässt ihn vermutlich erahnen, was dieser weiß und so klar formuliert: »Es soll sich also niemand einbilden, nur Zuschauer zu sein.« (S. 406) Der Roman hält sich zurück mit moralischen Lehren, lässt vieles in der Schwebe, aber hier wird sehr deutlich, dass er natürlich über seinen historischen Gegenstand hinausweist und auch uns Heutige sehr direkt betrifft, wie auch Arno Geiger selbst im erwähnten Interview deutlich macht:

■ Zuschauer?

> »[J]eder Zuschauer legitimiert das Geschehen und gibt dem Geschehen Fülle und Ansehen. […] Man kann das unmittelbar auf die Szene beziehen, in der Oskar Meyer und Veit Kolbe einander begegnen. Auch dort ist Veit Kolbe Zuschauer. Man kann es aber auch auf heute beziehen.«[43]

Damit aber hat man ein zentrales Problem, um das der Roman kreist, benannt – und gleichzeitig eine Begründung dafür gefunden, warum Oskar Meyer nur so lose mit den anderen Figuren verbunden ist. Arno Geiger formuliert den Zusammenhang so:

---

43 Interview Geiger/Feuchert (s. Anm. 12), S. 3.

6. Interpretationsansätze

»Mir war klar, je enger ich Oskar Meyer und Veit Kolbe verknüpfe, desto simpler wird die Fragestellung. Die allermeisten Romane über die Zeit des Dritten Reiches konzentrieren sich auf Täter und Opfer. Doch was ist mit den vielen, die keine Täter waren, aber in mancher Hinsicht doch beteiligt? Die am Holocaust vorbeistreifen? Die den millionenfachen Mord an den europäischen Juden zugelassen haben durch Gleichgültigkeit oder weil sie eben, teils vielleicht nachvollziehbar, mit ihrem eigenen Schicksal beschäftigt waren. Ich denke, das betrifft sehr viele. Fünfzig Millionen. Und Veit Kolbe ist einer von ihnen.«[44]

Veit ist in der Tat vor allem mit seinen eigenen Problemen beschäftigt, doch er erkennt, wie sehr er Teil von etwas ist, das er im Grunde nicht (mehr) billigt – und von dem er sich lossagen muss, wenn er sich auch selbst retten will. Zu dieser Erkenntnis wesentlich befähigt hat ihn seine Beziehung zu Margot, die erste ernsthafte Liebesgeschichte seines Lebens. Dabei sah es am Anfang gar nicht danach aus, denn erst einmal nimmt Veit die Darmstädterin, wie er sie nennt, gar nicht so recht wahr: Er erfragt nicht einmal ihren Namen oder er hält sie zunächst für so unbedeutend in seinem Leben, dass sie in seinen Tagebuchaufzeichnungen keinen Namen braucht. Auch ist sie nicht die Erste, mit der er anbandeln möchte: Margarete Bildstein, die Lehrerin der landverschickten Mädchen, lässt Veit kühl abblitzen (S. 53–55). Sein Interesse war allerdings auch nur oberflächlicher Natur, denn er kannte sie nicht, war vor allem von ihrem Äußeren

■ Margots Rolle

---

44 Interview Geiger/Feuchert (s. Anm. 12), S. 3.

6. Interpretationsansätze

angezogen. Schon das erste Gespräch mit der jungen Pädagogin scheitert: Als sie erwähnt, sie wohne in Wien im Heimhof, zögert Veit etwas zu lange: Das wiederum suggeriert Grete, dass Veit – wie viele andere auch – ein Vorurteil gegen die Bewohner dieser Reformsiedlung hat, die nicht selten als Sonderlinge galten und den Nazis besonders verhasst waren. Für sie steht Veit damit im Verdacht, mindestens zu den Angepassten, den Mitläufern, zu gehören. Dass sie selbst weder eine überzeugte Nationalsozialistin ist noch auch nur angepasst, wird der Leser erst später vollständig realisieren, wenn sie dem Brasilianer zu seinem ersten Versteck verhilft. Veit und Grete verkennen sich somit hier innerhalb weniger Sekunden: Sie erkennt nicht, dass Veit mitten in einem Prozess der Selbstfindung steckt und mittlerweile alles andere als ein überzeugter Soldat des ›Dritten Reichs‹ ist, und Veit ist noch lange nicht so weit zu begreifen, dass sie zu mutigem Widerstand fähig ist, der sich nicht im mehrfach erwähnten Konflikt mit der ihr vorgesetzten Behörde erschöpft.[45]

Insofern ist es auch Zufall, dass Veit in mehrfacher Hinsicht ›frei‹ bleibt und sich in der Folge langsam auch für Margot zu interessieren beginnt.[46] Liebe auf den ers-

---

[45] Mit der Erwähnung des Heimhofs, dessen Name hier wie eine Art Codewort zwischen den beiden funktioniert, ist – wie es Arno Geiger selbst formuliert – »ganz leise eine Verbindung zwischen dem Brasilianer und der Lagerlehrerin an[ge]deutet«. Interview Geiger/Feuchert (s. Anm. 12), S. 6.

[46] Es sei darauf hingewiesen, dass Margarete und Margot eigentlich denselben Namen tragen (beide bedeuten ursprünglich »Perle«): Vielleicht ist damit angedeutet, dass die Chance zu einer glückenden und für Veit befreienden Beziehung bei beiden bestanden hätte.

6. Interpretationsansätze

ten Blick ist es jedenfalls nicht, am Ende seiner Erzählung schaut Veit auf den unspektakulären Beginn ihrer Affäre zurück: »Im Frühling waren wir einander wohl auch Anlass gewesen, nicht allein sein zu müssen.« (S. 424) Doch schnell schon wachsen zwischen den beiden Vertrauen und Geborgenheit, und noch vor der Mitte seiner Erzählung insistiert Veit: »[I]ch weiß, es sind schon ereignisreichere Geschichten von der Liebe erzählt worden, und doch bestehe ich darauf, dass meine Geschichte eine der schönsten ist.« (S. 205) In Margot hat er eine Partnerin gefunden, die sich auf ihn einlässt, die ihm zuhört – als Einzige sogar bei seinen schlimmen Kriegserinnerungen (S. 199). Sie versteht, was er erlitten hat und jetzt durch seine Anfälle immer wieder durchlebt – und sie weiß, dass die Betäubung der Traumata mit Pervitin nur ein erster Schritt sein kann, sie zu überwinden (S. 461). Dass es auch sexuell zwischen den beiden »klappte, klapp, klapp, klapp« (S. 280), ist sicher ein weiterer Faktor für die glückende Beziehung, noch wichtiger für Veit scheint aber zu sein, dass Margot ihm »[h]undert Prozent« (S. 464) Sicherheit für die Zukunft gibt, dass ihre Bindung zu ihm bedingungslos zu sein scheint, sie ihn schon gar nicht zu erziehen sucht (S. 200). Natürlich stört Veit, dass sie bereits verheiratet ist, aber letztlich setzt er sich mit ihr zusammen über die Konvention hinweg. Mit Margot beginnt für ihn ein neues Leben: eines, das er unabhängig von den Eltern führen kann, das endlich verspricht, wirklich ihm zu gehören (S. 469). So verlässt er sich auch auf Margots Wort, sich nach dem Krieg scheiden zu lassen (S. 424).

■ Rolle Veits für Margot

Doch auch für Margot ist Veit eine Rettung: aus einer falschen Ehe, die sie nur geschlossen hat, um ihrem en-

6. Interpretationsansätze

gen elterlichen Zuhause zu entkommen (S. 195). Anders als ihr Mann Ludwig, der ihr noch aus der Ferne Vorgaben macht (S. 212), behandelt Veit sie auf Augenhöhe. Er akzeptiert ihr Kind und nimmt es liebevoll an. Aus den »Nachbemerkungen« wissen wir, dass die Beziehung halten wird bis an Veits Lebensende und dass weitere Kinder dazukommen werden (S. 477). Ob die Beziehung glücklich bleiben und ob auch Veits Mord an seinem Onkel irgendwann für beide zum Thema werden wird – all das wissen wir nicht. Aber im Augenblick des Abschieds im Dezember 1944 ist sich Veit immerhin sicher, dass er »[n]ie [...] mehr am Leben gehangen [ist] als in diesem Moment« (S. 474) Nur wenige Monate zuvor fühlte er noch Gleichgültigkeit seinem Leben gegenüber und fragte sich verzweifelt, wie er sich nur ändern sollte (S. 25).

Allen anderen Figuren bleibt dagegen auch eine zumindest vorübergehende Rettung durch die Liebe verwehrt. Die bestehenden Ehen sind allesamt nicht glücklich und bestenfalls Zweckgemeinschaften, Kurt hat Nanni durch ein Unglück verloren, deren Mutter ihren Mann schon vor einiger Zeit durch Krankheit, Oskars geliebte Wally wird brutal von den Nazis ermordet und Margarete Bildstein bleibt ebenso ohne Partner wie der Brasilianer. Auch die sonstigen familiären Bindungen sind schwierig oder defekt, dabei könnten sämtliche Figuren Halt gebrauchen: Alle sind sie schließlich der umfassenden Gewalt des Krieges ausgeliefert, erleben Tod und Zerstörung, Schrecken und Mangel. All das macht der Roman mit seinen vielen ›Wirklichkeitspartikeln‹ auch gut sichtbar: Das Entsetzen von Margots Mutter angesichts der völlig zerbombten Stadt ist geradezu spürbar (S. 265), und Oskars Schilderungen der grauenhaften

■ Rettung durch Liebe (?)

6. Interpretationsansätze

Abb. 5: Das zerstörte Darmstadt im März 1945. – © Stadtarchiv Darmstadt

Verfolgung und Erniedrigung, der täglichen Todesangst und der verzweifelten Selbstvorwürfe legen drastisch offen, wie der Alltag für Juden im Deutschen Reich und später den besetzten Gebieten aussah.

Auch die Spannweite der Reaktionen der deutschen Bevölkerung auf die drohende Kriegsniederlage werden durch den Roman begreifbar: Haben die einen verstanden, dass es einen Zusammenhang gibt zwischen den zerstörten Städten Hamburg, Hannover, Frankfurt auf der einen und Warschau, Rotterdam, Coventry, Belgrad, Smolensk und Woronesch (S. 289 f.) auf der anderen Seite, klammern sich die anderen an Durchhalteparolen (S. 471). Zeigen sich manche solidarisch und hilfsbereit auch unter Lebensgefahr wie Grete Bildstein, ist vielen

6. Interpretationsansätze

nur das eigene Überleben wichtig, ganz so wie Max Dohm oder Johann Kolbe. Je länger der Krieg aber dauert, desto klarer zeichnet sich die allgemeine Tendenz ab, wie sie Veit zusammenfasst und damit stellvertretend sicher auch für viele andere Figuren spricht:

■ Alltag im Krieg

> »dieser diffuse, nicht enden wollende, immer schlimmer werdende, in immer dunklere Jahre hineinführende und alles Zivile aushöhlende Spuk, in dem das Schlechte in den Menschen immer deutlicher zutage trat, auch bei mir. Als müsse ein Krieg zwangsläufig, je mehr die Menschen seiner überdrüssig wurden, brutaler und mitleidloser werden, so kam es mir vor.« (S. 462 f.)

Als Veit dies ausspricht, ist man im Dezember 1944 nur noch wenige Monate vom Kriegsende entfernt. Das freilich wissen die Figuren im Roman nicht und auch ihre realen Vorbilder konnten zu diesem Zeitpunkt nicht ahnen, wie lange das alles noch weitergehen und wer überleben würde. Für die aber, die es schaffen, davonzukommen, wird der Krieg dennoch auch bleiben: in ihnen, als Trauma, als schreckliche Erinnerung an eigenes und fremdes Morden, an das massenhafte Sterben. Einer ›Stunde Null‹, einem unbelasteten Neubeginn, taumeln sie mit diesem schweren seelischen Gepäck ganz sicher nicht entgegen.

7. Autor und Zeit

Arno Geiger wurde am 22. Juli 1968 in Bregenz (Bundesland Voralberg) geboren und wuchs ganz in der Nähe der Landeshauptstadt, in der Marktgemeinde Wolfurt, auf.[47] Er hat zwei Brüder und eine Schwester. Sein Studium der Deutschen Philologie, Geschichte und Vergleichenden Literaturwissenschaft absolvierte er in Innsbruck und Wien und schloss es 1993 ab. Zwar lebt er seitdem als freier Schriftsteller in Wolfurt und Wien, doch war er zwischen 1986 und 2002 auch als Videotechniker bei den berühmten Bregenzer Festspielen tätig.

■ Ausgezeichnetes Werk

Für sein literarisches Schaffen wurde Geiger mittlerweile vielfach ausgezeichnet. Bereits vor seinem Debut erhielt er ein Nachwuchsstipendium des österreichischen Bundesministeriums für Kunst (1994). Nach der Publikation seines ersten Romans *Kleine Schule des Karussellfahrens* (1997) wurden fast alle literarischen Projekte des Autors mit Preisen bedacht oder ihre Entstehung mit Stipendien gefördert. Die Liste der Auszeichnungen ist lang und beeindruckend, es ragen der Deutscher Buchpreis (2005), der Friedrich-Hölderlin-Preis der Stadt Bad Homburg (2011), der Literaturpreis der Konrad-Adenauer-Stiftung (2011) und der Joseph-Breitbach-Preis (2018) heraus.

---

47 Die biografischen und bibliografischen Informationen verdanken sich – wo nicht anders vermerkt – dem informativen Eintrag von Jürgen Nelles im *Kritischen Lexikon zur deutschsprachigen Gegenwartsliteratur*: Vgl. Jürgen Nelles, »Arno Geiger«, in: *Munzinger Online / Kritisches Lexikon zur deutschsprachigen Gegenwartsliteratur*, hier S. 1, http://www.munzinger.de/document/16000000766, (Stand: 18. 5. 2020).

7. Autor und Zeit

Abb. 6: Arno Geiger stellt auf der Leipziger Buchmesse 2018 seinen Roman *Unter der Drachenwand* vor. – CC BY-SA 4.0

Geigers Werke sind durchzogen von wiederkehrenden Themen und Strukturen, die aber auch immer eine Erweiterung und Entwicklung erfahren. Jürgen Nelles fasst das Schaffen des österreichischen Autors präzise zusammen:

■ Wiederkehrende Themen

»Insgesamt dokumentiert Arno Geigers Gesamtwerk eine sprachlich-stilistische Entwicklung, die einhergeht mit einer thematischen Erweiterung seiner Sujets: In seinen im Duktus oft verspielt wirkenden ersten drei Romanen bemühen sich die meist jugend-

7. Autor und Zeit

lichen Helden, dem Sinn des Daseins und ihrer eigenen Identität nachzuspüren [...]. Die Darstellung generationenübergreifender Konstellationen entwirft demgegenüber ein – auch im Tonfall – realistischer wirkendes Gesellschaftsbild des 20. und 21. Jahrhunderts (in ›Es geht uns gut‹), das um die Problematik aktueller (Ehe-)Paar- und Familienbeziehungen erweitert wird (in ›Alles über Sally‹) und auch Alters- und Krankheitserscheinungen umfasst (wie in ›Der alte König in seinem Exil‹).«[48]

Ein kursorischer Blick auf einzelne Werke soll diese Charakterisierung des Gesamtwerks verdeutlichen und auch die vorhandenen Verbindungslinien zu *Unter der Drachenwand* herausarbeiten:[49] Schon Geigers Erstling *Kleine Schule des Karussellfahrens* (1997) zeigt das Interesse des Schriftstellers für Entwicklungsgeschichten. Hier geht es um den 21-jährigen Protagonisten Philipp Worovsky, der zu den vielen jungen Menschen in Geigers Werk gehört, »die mehr oder weniger erfolgreich vor sich selbst davonlaufen und dabei häufiger auch in Sphären jenseits der Realität, in Traum- und Phantasiewelten, gelangen«.[50] Die Bezugswelt für Worovsky, der – noch ahnungslos von den bevorstehenden epochalen Veränderungen – im Jahr 1989 vor sich hinlebt, ist das weit entfernte Revolutionsjahr 1789. Der Roman ist konsequent

■ *Kleine Schule des Karussellfahrens*

---

48 Nelles (s. Anm. 47), S. 12.
49 Der nachstehende Überblick über Geigers Werk konzentriert sich auf die Romane, sein Erzählungsband *Anna nicht vergessen* (2007) und weitere kleinere Arbeiten bleiben hier unberücksichtigt.
50 Nelles (s. Anm. 47), S. 2.

7. Autor und Zeit

in der zweiten Person Singular erzählt und weist auch einige typografische Besonderheiten auf – erinnert sei in diesem Zusammenhang an die Schrägstriche in *Unter der Drachenwand* –, doch fand dieses stilistisch-literarisch experimentierfreudige Debut nur eine sehr gemischte Aufnahme bei der Kritik.

Nahezu einhellig negativ fielen die Reaktionen auf Geigers nächsten Roman, *Irrlichterloh* (1999), aus, in dem der etwa 20-jährige Protagonist Jonas Kreuzer von seiner Freundin Ann-Kathrin überraschend verlassen wird. Seine ehemalige Partnerin brennt ausgerechnet mit Jonas' Chef durch und nimmt dabei auch noch ein vermutlich wertvolles Gemälde mit. Auf einem gestohlenen Beiwagenmotorrad verfolgt Kreuzer die beiden bis an die Küste. »Die an ein Roadmovie erinnernde Fahrt«[51] hat dabei wieder »vorwiegend junge Erwachsene im Zentrum, die – auf der Suche nach sich selbst und ihrer Stellung in der Welt – […] in unbekannte Regionen aufbrechen.«[52]

■ *Irrlichterloh*

Und auch in *Schöne Freunde* (2002) wird eine Entwicklungsgeschichte erzählt: Der Straßenmusikant Carlo Kovacs schaut angesichts seiner Erzählung über ein Bergwerksunglück auch auf seine Sozialisation zurück und erweist sich dabei als besonders sprachlich sensibel und aufmerksam. Hier tritt somit ein Thema in den Vordergrund, das auch für *Unter der Drachenwand* eine erhebliche Rolle spielt: das Schreiben. »Schreiben bedeutet für den Heranwachsenden, seine Umwelt in Worte zu fassen, sie auf den Begriff zu bringen, um sie zumindest

■ *Schöne Freunde*

---

51 Nelles (s. Anm. 47), S. 3.
52 Nelles (s. Anm. 47), S. 3.

sprachlich in den Griff zu bekommen«.⁵³ Und noch ein Weiteres kommt hier vor, das auch andere Romane Geigers bestimmen wird: Neben Carlos erzählen noch andere Figuren aus ihrer Sicht. Geiger spielt also mit mehreren Erzählerstimmen, die das Geschehen unterschiedlich perspektivieren.

■ *Es geht uns gut*

Mit seinem 2005 vorgelegten vierten Roman *Es geht uns gut* überzeugte Geiger dann nicht nur die Kritiker der Feuilletons vollends, sondern erhielt auch den erstmals verliehenen und mit 25 000 Euro dotierten Deutschen Buchpreis. In ihrer Begründung urteilte die Jury damals:

> »Arno Geiger gelingt es in ›Es geht uns gut‹ Vergängliches und Augenblick, Geschichtliches und Privates, Bewahren und Vergessen in eine überzeugende Balance zu bringen. Mit hoher Anschaulichkeit entwirft Geiger das Bild dreier Generationen – und es entsteht ein Familienroman wider Willen: Philipp Erlach, der Erbe der großelterlichen Villa, versucht sich dem Sog der Erinnerungen zu entziehen. Gleichsam gegen den Widerstand der Hauptfigur erzählt der Autor 21 einzelne Tage, aus Vergangenheit und Gegenwart, zwischen 1938 und 2001.«⁵⁴

Besonders spannend im Hinblick auf *Unter der Drachenwand* sind die Abschnitte aus der Jugend Peter Erlachs, des Vaters des Protagonisten, der als 15-Jähriger 1945 durch das zerstörte und umkämpfte Wien irrt: »Die

---

53 Nelles (s. Amn. 47), S. 4.
54 www.deutscher-buchpreis.de/archiv/jahr/2005/ (Stand: 28. 4. 2020).

7. Autor und Zeit

Schilderungen der Kampfhandlungen, die er als Jugendlicher erlebt und erlitten hat (wie das qualvolle Sterben von Kameraden usw.), gehören zu den beeindruckendsten Romanpassagen.«[55] Sie vermitteln damit auch ein etwas deutlicheres Bild von dem, was in *Unter der Drachenwand* oft nur angedeutet wird. Aber auch in anderer Hinsicht sind Parallelen durchaus erkennbar:[56] Insgesamt dreht sich der Roman nämlich darum, wie die Familie Erlach über die Jahre hinweg zerfällt, wie »sich die einzelnen Ehepartner gedanklich und gefühlsmäßig ebenso stetig voneinander entfernen wie die Kinder von ihren Eltern«.[57]

Die Frage, wie moderne Ehen funktionieren, steht im Mittelpunkt des Romans *Alles über Sally* (2010): Sally, 52, und ihr Ehemann Alfred, 57, sind gerade im Urlaub, als in ihr Haus eingebrochen wird und die Dinge durcheinandergeraten. Meike Fessmann fasst in einer fulminanten Rezension den Kern des Romans zusammen:

■ *Alles über Sally* (2010)

»Es ist klar: Sally, diese lebenshungrige und ungeduldige Frau, steht schon in den Startlöchern. Lange kann es nicht mehr dauern, bis sie sich in eine Affäre stürzt. ›Alles über Sally‹ ist ein Ehebruchroman, da gibt es von

---

55 Nelles (s. Anm. 47), S. 5.
56 Aus der umfangreichen und komplexen Romanhandlung mit ihren unterschiedlichen Ebenen kann hier nur ein kleiner Teil herausgegriffen werden. Ausführlich und fehlerfrei wird der Inhalt aber auf *Wikipedia* zusammengefasst: https://de.wikipedia.org/wiki/Es_geht_uns_gut (Stand: 28. 4. 2020). Das gilt im Übrigen nicht für die dortige Zusammenfassung von *Unter der Drachenwand*, die einige Fehler bzw. Ungenauigkeiten enthält und zudem Erzählstränge einfach weglässt.
57 Nelles (s. Anm. 47), S. 7.

Anfang an keinen Zweifel, und wie es zu diesem Genre gehört, ist es die Frau, die den Ehebruch begeht (denn Männer brechen die Ehe nicht, sie haben Seitensprünge). Vorhersehbar ist auch, dass sie weder gesteinigt werden wird, noch selbst Hand an sich legt oder an gebrochenem Herzen stirbt. Seit Emma Bovary, Anna Karenina und Effi Briest haben sich die Zeiten geändert. Doch was gibt das Genre dann überhaupt noch her? Macht sich nicht, wo die Tragödie ausbleibt, die Komödie breit? [...] Zur Verblüffung des Lesers verkehrt sich das Genre unter der Hand in sein Gegenteil. Arno Geiger [...] gelingt etwas, was man kaum für möglich gehalten hätte: ein Abenteuerroman über die Ehe, den man ernst nehmen kann.«[58]

Das liegt vor allem daran, dass Alfred sich seiner Liebe zu Sally – ihre und seine Untreue hin oder her – sicher ist, wie er in einem 40 Seiten langen, aus nur einem einzigen Satz bestehenden inneren Monolog deutlich macht.

■ *Der alte König in seinem Exil*

Nur ein Jahr später legte Arno Geiger seinen bisher wohl persönlichsten Text vor: In *Der alte König in seinem Exil* schildert er eindrucksvoll die Lebensgeschichte seines Vaters August Geiger, der seit den 1990er Jahren an Demenz erkrankt ist. August wurde 1926 geboren und musste mit 17 Jahren zur Wehrmacht, mit 18 stand er an der Ostfront. Nach dem Krieg wurde er Gemeindebeamter, heiratete eine Lehrerin und hatte vier Kinder. Seine

---

58 Meike Fessmann, »Wo ist bloß die Postkarte aus Argentinien geblieben? Ein Abenteuerroman über die Ehe, in dem zum Glück ein Stützstrumpf allgegenwärtig ist: Arno Geigers neues Buch *Alles über Sally*«, in: *Süddeutsche Zeitung* (11. 2. 2010), S. 18.

7. Autor und Zeit

Frau trennte sich von ihm, die Krankheit entwand ihm nach und nach sein bisheriges Leben. Arno Geiger pflegte seinen Vater über Jahre hinweg mit, fand (wieder) einen Zugang zu ihm und beobachtete genau, was der Gedächtnisverlust mit ihm macht. Und immer wieder notierte er Aussagen seines Vaters, deren »tragikomische[s] Potenzial«[59] verblüfft.

Die Kritik auf dieses intime Buch war geteilt: Während beispielsweise Felicitas von Lovenberg das Werk als »eine tiefgründige, charaktervolle und zeitlos gültige Auseinandersetzung mit dem, was jeden angeht: Alter und Krankheit, Heimat und Familie«[60] rühmte, sah Christopher Schmidt in seiner Besprechung »den Vater ausgeplündert«[61] und seine Krankheit damit missbraucht.

Deutlich einheitlicher und positiver fiel die mediale Reaktion dann wieder auf Arno Geigers Roman *Selbstporträt mit Flusspferd* (2015) aus, in dessen Mittelpunkt der 32-jährige Tierarzt Julian Birk steht, der sich nach einem zufälligen Wiedersehen mit seiner Exfreundin Judith an ihre Beziehung und Trennung zehn Jahre zuvor zurückerinnert. Hubert Spiegel fasst zusammen, was damals geschah:

■ *Selbstporträt mit Flusspferd* (2015)

---

59 Nelles (s. Anm. 47), S. 11.
60 Felicitas von Lovenberg, »Wenn einer nichts weiß und doch alles versteht. Arno Geiger hat ein Buch über seinen dementen Vater geschrieben«, in: *Frankfurter Allgemeine Zeitung* (4. 2. 2011), S. 32.
61 Christopher Schmidt, »Die Krone des Sohnes. Falsche Idylle: Arno Geiger hat ein rührseliges Buch über seinen demenzkranken Vater geschrieben«, in: *Süddeutsche Zeitung* (11. 2. 2011), S. 14.

7. Autor und Zeit

»In Athen finden Olympische Spiele statt, in Beslan kommen Unschuldige bei einer blutigen Geiselnahme ums Leben, in Tel Aviv macht ein Selbstmordattentat Schlagzeilen. Müsste Julian sich zu all dem nicht irgendwie verhalten? Aber wie? Er ist zweiundzwanzig, Student in Wien, kein Kind mehr, aber noch reichlich welpig für sein Alter und rettungslos gefangen zwischen Weltschmerz, Überheblichkeit, Versagensängsten, Ahnungslosigkeit und Orientierungsschwierigkeiten. Altersbedingt weiß Julian nicht, dass er nicht weiß, was er will. Er führt die Trennung mit Judith herbei und leidet anschließend darunter.«[62]

Der Ich-Erzähler nimmt danach bei einem Professor einen Job als Aushilfstierpfleger an und ist für ein Zwergflusspferd zuständig. Dabei lernt er auch die Tochter des skurrilen Chefs kennen, fängt eine Affäre mit ihr an, die nur kurz anhält, bis sie ihn schließlich verlässt: Und das, obwohl Aiko, so der Name der jungen Frau, ihm mitgeteilt hat, schwanger zu sein. Durch diese Erlebnisse ist der Protagonist hoch verunsichert, erst in der Rückschau ergeben sich für ihn »so etwas wie Deutungsmuster«[63].

■ Literarische Weiterentwicklung

Für Paul Jandl hat Arno Geiger mittlerweile eine beachtliche literarische Karriere hingelegt und sich enorm weiterentwickelt, wie er in seiner Besprechung von *Unter der Drachenwand* zusammenfasst:

---

62 Hubert Spiegel, »Das Paradies ist ein Tümpel mit Flusspferd. Arno Geigers neuer Roman handelt von einem jungen Mann, der altersbedingt nicht weiß, dass er nicht weiß, was er will – in der Liebe und im Leben«, in: *Frankfurter Allgemeine Zeitung* (7. 2. 2015), S. 12.
63 Nelles (s. Anm. 47), S. 12.

7. Autor und Zeit

»Mit seinem Schreiben ist Arno Geiger weit herumgekommen. In den ersten Büchern gab es noch ein poetisch-buntes Amalgam der ichgesteuerten Welterkundung, aber über die Romane ›Es geht uns gut‹ und ›Selbstporträt mit Flusspferd‹ bis zum Vater-biografischen Werk ›Der alte König in seinem Exil‹ hat sich etwas ausdifferenziert, was offenbar auch so grosse Stoffe wie den neusten Roman tragen kann.«[64]

Eines jedenfalls ist ganz sicher: Arno Geiger gehört heute in die erste Reihe der deutschsprachigen Erzähler. Eine Literaturgeschichte der Gegenwart wird ohne die Beachtung seines Gesamtwerkes nicht mehr geschrieben werden können.

---

64 Paul Jandl, »Von der Geschäftstüchtigkeit der Firma Blut und Boden. In den Kriegswinter 1944 schaut Arno Geiger in seinem neuen Roman. Er findet in den Winzigkeiten des Lebens einen Rest an Menschlichkeit«, in: *Neue Zürcher Zeitung*, (6. 1. 2018), S. 40.

8. Rezeption

- **Aufnahme im Feuilleton**
- **Einhelliges Lob**

- *Stuttgart liest ein Buch*

Unter der Drachenwand fand begeisterte Aufnahme in den deutschen Feuilletons, fast ausnahmslos wurden die Handlung und die erzählerische Konstruktion gelobt. Immer wieder wurde auf die große Nähe zu den historischen Vorgängen hingewiesen und auch über die Authentizität der im Roman wiedergegebenen Tagebücher und Briefe spekuliert. Doch nicht nur in den Kulturredaktionen der Medien wurde *Unter der Drachenwand* gefeiert: Zwischen dem 16. und 27. September 2019 war das Werk Gegenstand des stadtweiten Lesefestes »Stuttgart liest ein Buch«.[65] In seinem Grußwort zu der Veranstaltungsreihe betonte Oberbürgermeister Fritz Kuhn, dass Arno Geiger »sein hellhöriges Epochenbild ins Allgemeingültige [weitet]. Damit schafft Arno Geiger einen Transfer des historischen Stoffes, der uns angesichts mancher aktuellen gesellschaftlichen Entwicklung sehr zu denken gibt.«[66] Und auch ausgezeichnet wurde der Roman bereits: 2018 erhielt Arno Geiger den mit 50 000 Euro dotierten Joseph-Breitbach-Preis für sein Gesamtwerk, wobei die Jury besonders *Unter der Drachenwand* berücksichtigte: »Arno Geigers Meisterschaft der Anverwandlung […] hat in dieser seismographischen Nach-

---

65 Eine ausführliche Webseite orientiert über die Aktionen, gibt aber auch viele zusätzliche Informationen zum Roman bzw. seinem Kontext: www.stuttgarter-schriftstellerhaus.de (Stand: 20. 4. 2020). Ebenso ist eine überaus informative Nachlese erschienen, die beim Schriftstellerhaus Stuttgart angefordert werden kann.

66 Fritz Kuhn, »Stuttgart liest ein Buch!«, in: Arno Geiger: *Unter Drachenwand. Sonderausgabe für ›Stuttgart liest ein Buch‹*, München 2019, S. 1.

8. Rezeption

zeichnung der letzten Phase des Dritten Reichs und dessen Selbstzerstörung einen neuen Höhepunkt erreicht.«[67] 2019 folgte dann der Bremer Literaturpreis, der nur dem Roman galt. Die Jury des mit 25 000 Euro ausgestatteten Preises lobte ihn als ein Werk, das

> »aus der Reihe der zeitgeschichtlichen Panoramen zur NS-Epoche herausragt: als überaus genaue, differenzierte und anschauliche Vergegenwärtigung des Kriegsjahres 1944. Tief in der Provinz kommt ein an Leib und Seele versehrter junger Soldat aus Wien zum Bewusstsein seiner Verstrickung in die kollektive Schuld und erlebt, umgeben von einem Chor von Stimmen, der sich aus dem Fundus einer immensen Recherche erhebt, eine Liebesgeschichte als Zuflucht vor der Zwingherrschaft des militärischen Systems, des alles beherrschenden Drachens.«[68]

Meike Fessmann weist in einer Rezension darauf hin, dass der Roman eine »vollständige Mimikry an den Geist und den Ton der Zeit«[69] darstelle:

■ »[V]ollständige Mimikry«

> »Alles, was wir heute wissen, lässt er weg. Es gibt nur

---

67 Hier zitiert nach Kuhn (s. Anm. 66), S. 4.
68 Zitiert nach Victor Ströver, »Der Bremer Literaturpreis 2019 geht an Arno Geiger / Förderpreis für Heinz Helle, in: Rudolf-Alexander-Schröder-Stiftung, www.rudolf-alexander-schroeder-stiftung.de/der-bremer-literaturpreis-2019-geht-an-arno-geiger-foerderpreis-fuer-heinz-helle/ (Stand: 28. 4. 2020). 2019 folgte auch noch der mit 10 000 Euro dotierte Europese Literatuurprijs für die niederländische Übersetzung des Romans.
69 Fessmann (s. Anm. 40), S. 12.

8. Rezeption

> die Hoffnung und die Ahnung, dass der Krieg zu Ende geht, nicht aber das historische Wissen, dass sich die militärische Niederlage des Deutschen Reiches seit 1942 abzeichnete und spätestens nach Stalingrad unabwendbar war.«[70]

Fessmann attestiert dem Roman, »der ein wenig zottelig daherkommt und jede Art von Perfektion programmatisch ablehnt, [...] mit Sorgfalt konstruiert«[71] zu sein: »Der eigentliche Kunstgriff [...] besteht im intimen Ton des in der Vergangenheitsform erzählten Romans. Man kennt diesen Ton, an dessen Nachdenklichkeit noch die Nähe des Erlebens hängt, sonst nur aus Tagebüchern und Briefen.«[72]

Paul Jandl bescheinigt Arno Geiger, sich mit seinem Roman »in einen Themenkreis der Hölle gewagt« zu haben, »den er wie auf Zehenspitzen durchschreitet«.[73] Besonders beeindruckt ihn dessen »grosses Talent, menschliche Eigenschaften in abstrakte Grössen zu verwandeln. So bringt er sich in eine empathische Distanz zu den Figuren, in der die Guten ganz unverdächtig gut sind, aber die Schlechten auch nicht ganz schlecht aussehen.«[74] Für Jandl zeichnet sich der Roman dadurch aus, dass Geiger »den semantischen Spielraum zwischen Ahnung und Wissen [nutzt], um alles zu vermeiden, was allzu pädagogisch werden könnte«.[75]

■ »Eigenschaften in abstrakte Grössen [...] verwandel[t]«

---

70 Fessmann (s. Anm. 40), S. 12.
71 Fessmann (s. Anm. 40), S. 12.
72 Fessmann (s. Anm. 40), S. 12.
73 Jandl (s. Anm. 64), S. 40.
74 Jandl (s. Anm. 64), S. 40.
75 Jandl (s. Anm. 64), S. 40.

8. Rezeption

Iris Radisch weist in ihrer Rezension auf die Verbindungen des Romans zu Walter Kempowskis monumentalem *Echolot*-Projekt hin:[76] Geiger versuche

> »etwas Ähnliches. Auch er trägt Briefe und Tagebücher aus dem Jahr 1944 zusammen, die eine seelische Innenaufnahme des Kriegsendes ergeben sollen. Doch anders als Walter Kempowski hat er die schriftlichen Nachlässe der Zeitzeugen stark nachbearbeitet, wenn nicht gänzlich erfunden: Sein Kriegsroman *Unter der Drachenwand* ist eine geniale Authentizitätsfiktion, aus der der Autor sich anschließend so spurlos wie möglich zurückgezogen hat.«[77]

■ »Authentizitätsfiktion«

Gleichwohl äußert Radisch auch Kritik, sie stört die »allzu einhellige Treuherzigkeit seines kriegsbeschädigten Erzählpersonals, das gegen NS-Ideologie und Führerkult vollständig immun ist. Die ungleich schwierigere Innenansicht der Täter […] wird vollständig ausgespart.«[78]

Für Andreas Platthaus ist *Unter der Drachenwand* ein »meisterlicher Roman«[79], der »das erschreckende Nebeneinander vom Untergang der Gesellschaft und dem Beharrungswillen des Einzelnen« zeigt. Durch Veit Kolbe und seine Art zu erzählen wird für Platthaus

---

76 Vgl. dazu Kapitel 5 »Quellen und Kontexte«.
77 Iris Radisch, »Stimmen des Krieges. Was weiß man schon vom Lebensgefühl vergangener Zeiten? Arno Geigers Roman *Unter der Drachenwand* rekonstruiert einfühlsam die Gemütslage am Ende des Zweiten Weltkrieges«, in: *Die Zeit* (11.1.2018), S. 43.
78 Radisch (s. Anm. 77), S. 43.
79 Platthaus (s. Anm. 33), S. 10.

8. Rezeption

■ Erinnerung an Arno Schmidt

»eine literarische Reminiszenz akut, die man bislang mit diesem Autor kaum verbunden hätte: Arno Schmidt. Die Erzählhaltung von dessen 1949 erschienenem Debüt, der in der Endphase des Kriegs spielenden Flüchtlingsgeschichte ›Leviathan‹, erscheint wie eine Blaupause für Geigers Hauptfigur in deren Verschlossenheit und zugleich sezierendem Blick auf den sie umgebenden Mikrokosmos aus Verblendeten und Verzweifelnden. [...] Und wenn es Geiger als 1968 geborenem Autor derart grandios gelingt, [...] dass man sich an den Kriegszeitzeugen Arno Schmidt erinnert fühlt, dann zeigt das einmal mehr, über was für ein literarisches Vermögen dieser Schriftsteller verfügt.«[80]

■ »Meisterwerk«

Für Werner Krause war bereits im Januar 2018 klar, dass es sich bei Geigers Roman um ein »Buch des Jahres«[81] handelt, denn *Unter der Drachenwand* sei ein »Meister-

---

80 Platthaus (s. Anm. 33), S. 10. – Arno Schmidt (1914–1979) gilt als einer der bedeutendsten – und schwierigsten – Autoren der Nachkriegszeit. Seine Erzählung *Leviathan oder Die beste der Welten* entstand bereits 1946 und beginnt mit einer Herausgeberfiktion, durch die deutlich wird, dass die eigentliche Erzählung das Tagebuch eines deutschen Soldaten ist, der von seiner Flucht aus Schlesien bis offenbar kurz vor seinem Selbstmord berichtet. Innerhalb der Binnenerzählung kommt es u. a. zu einer harten Auseinandersetzung mit dem Nationalsozialismus.
81 Werner Krause, »Arno Geiger und die Liebe in Zeiten des Krieges. Es mag verwundern, schon jetzt von einem Buch des Jahres zu schwärmen. Aber Arno Geigers großartige Kriegsgeschichte *Unter der Drachenwand* macht diese frühe Kür völlig risikofrei«, in: *Kleine Zeitung* (5. 1. 2018), www.kleinezeitung.at/kultur/buecher/5348331/Buch-der-Woche_Arno-Geiger-und-die-Liebe-in-Zeiten-des-Krieges (Stand: 28. 4. 2020).

8. Rezeption

werk über Liebe, Macht und Ohnmacht, im Himmel, ganz oben, im Schlamm, ganz unten, zugleich«. Besonders fasziniert zeigt er sich von »Arno Geigers thematische[r] und sprachliche[r] Wandlungsfähigkeit. Mit Heldentum hat er nichts im Sinn. All seine geniale Beobachtungsgabe gilt den Durchschnittsmenschen, deren Wesenszüge er, einem Innenwelt-Forscher gleich, Schicht für Schicht freilegt.«[82]

■ »Unsentimentale Empathie«

Auch Judith von Sternburg ist begeistert von *Unter der Drachenwand*, obwohl sie bei der Konzeption des Protagonisten Veit Kolbe auch eine Schwachstelle des Romans ausmacht, die sie dann aber wieder relativiert. Diese Figur wirke nämlich

> »manchmal etwas zu klug [...]. Seine Sprache, seine Beobachtungsgabe scheint dann doch die eines Schriftstellers und weniger die eines jungen ausgelaugten Soldaten, der Angst vor Verblödung hat. Es ist brillant, dass ihm auffällt, wie Selbstmitleid und Verächtlichkeit die ›fatalsten Gefühlsgeschwister‹ darstellen oder wie der Vater und seine Nazi-Gesellen nie über sich lachen, immer nur über andere. Wie die Eltern die Wohnung mit Bildern des fernen Sohnes an der Front geschmückt haben: ›Die Bilder hatten am Familienleben teilgenommen, ich am Krieg.‹ Man glaubt dennoch jedes Wort, weil das Kluge, das Genaue so klug und genau ist, dass die Künstlichkeit zurücktritt.«[83]

---

82 Krause (s. Anm. 81).
83 Judith von Sternburg, »So muss sich das damals angefühlt haben, im Jahr 1944. In seinem neuen Roman Unter der Drachenwand erzählt der 1968 geborene Arno Geiger wie selbstverständlich vom Allesverschlinger Krieg«, in: *Frankfurter Rundschau* (8. 1. 2018), S. 21.

9. Wort- und Sacherläuterungen

Begriffe, die leicht im Fremdwörter-Duden nachgeschlagen oder online recherchiert werden können, finden nachstehend keine Aufnahme, es sei denn, sie haben eine besondere Bedeutung für die Erzählung. Ähnliches gilt für die im Roman erwähnten Orte: Sie werden nur erläutert, wenn sie historisch bedeutsam sind oder eine bestimmte Funktion für die erzählte Geschichte haben.

15,12 **Keitel:** Wilhelm Keitel (1882–1946) war von 1938 bis 1945 Chef des Oberkommandos der Wehrmacht. Er wurde im Nürnberger Prozess gegen die Hauptkriegsverbrecher zum Tode verurteilt und am 16. Oktober 1946 hingerichtet.

15,14 f. **Verwundetenabzeichen:** Die Auszeichnung wurde erstmals 1918 von Kaiser Wilhelm II. und dann erneut 1939 gestiftet. Sie wurde in Schwarz (bis zu zwei Verwundungen), Silber (bis zu vier) und Gold verliehen.

23,13 **Volksopfer:** Sogenannte ›Volksopfer‹, bei denen die Menschen aufgerufen wurden, Geld oder Sachspenden im großen Stil zu leisten, waren keine Erfindung der Nationalsozialisten. Ende 1944 nutzte aber auch die NSDAP dieses Mittel, um für den Volkssturm und die Wehrmacht dringend benötigte Ausrüstungsgegenstände zu erbitten. Die eigentliche Sammelaktion fand zwischen dem 7. und dem 28. Januar 1945 statt. Damit wäre Veits Vater mit seinem Volksopfer zu früh dran, denn wir befinden uns ja noch im Jahr 1944 – möglicherweise ist deshalb hier auch einfach eine Spende an das Winterhilfswerk gemeint, eine Einrichtung, die für ›notleidende Volksgenossen‹ Spenden sammelte.

9. Wort- und Sacherläuterungen

24,14 **Schöps:** eigentlich ein anderer Ausdruck für einen Hammel, hier ein liebevoll gemeinter Kosename.

26,27 **Lebensmittelmarken:** Die Karten wurden im Krieg ausgegeben, um die Verteilung der Lebensmittel zu organisieren und zu rationieren. Nur mit den entsprechenden Lebensmittelkarten konnte man gewisse Nahrungsmittel einkaufen. Die Karten waren aber auch ein Mittel, Menschen, die sich versteckten, von der Lebensmittelversorgung abzuschneiden.

34,1 **tosischer Form:** Tosische Schlösser – nach ihrem Erfinder auch Chubbschloss genannt – gelten als besonders sicher.

36,24 f. **Journalzimmer:** Ein Dienstzimmer, in dem der Journaldienst (eine Art Bereitschaftsdienst) außerhalb der regulären Dienstzeiten versehen wurde.

37,19 **Protektorat:** 1939 wurde – unter Bruch des Münchner Abkommens von 1938 – die sogenannte Rest-Tschechei in das Protektorat Böhmen und Mähren umgewandelt. Das Gebiet war damit mehr oder weniger eine teilautonome Provinz des Deutschen Reichs geworden.

43,16 **Dürrkräutler:** österreichischer Ausdruck für einen (herumziehenden) Verkäufer getrockneter Heilkräuter.

45,12 f. **Altreich:** Damit bezeichnete man das Territorium des Deutschen Reichs ohne die ab 1938 hinzugekommenen Gebiete.

54,1 **Heimhof:** Arno Geiger verdeutlicht in einem Interview, wofür der Heimhof steht: »Der Heimhof basierte auf einer bürgerlichen, reformorientierten Bewegung […]. Im Kern zog es dort Menschen hin, die bürgerlichen, intellektuellen Reformbewegungen angehörten, Theosophen, Anthroposophen zum Beispiel. Auch viele Juden, aber eben der Reformbewegung nahestehend. Die Bewohner des

9. Wort- und Sacherläuterungen

Heimhofs galten insgesamt als Sonderlinge, Außenseiter. Für den Roman bedeutend ist, dass der Heimhof ganz leise eine Verbindung zwischen dem Brasilianer und der Lagerlehrerin andeutet.«[84]

62,6 f. **Tag der nationalen Erhebung:** Am 30. Januar eines jeden Jahres wurden öffentliche Gebäude (aber auch viele private Häuser) beflaggt, um an den Tag der Machtübernahme durch die Nationalsozialisten 1933 zu erinnern.

67,21 **Heurigenmusik:** Oft wird mit dem Begriff die gesamte volkstümliche Wiener Musik bezeichnet. Im engeren Sinne ist es die Musik, die in den sogenannten Heurigenlokalen gespielt wird, das sind Lokale, in denen neuer Wein aus den eigenen Weinbergen des Besitzers ausgeschenkt wird.

68,16 **Ostmark:** Zwischen 1939 und 1942 bezeichnete man damit das ehemalige Staatsgebiet Österreichs, das durch die Annektierung 1938 Teil des Deutschen Reichs geworden war. Danach war der offizielle Name eigentlich Alpen- und Donau-Reichsgaue.

68,30 **Villa Lobos:** Heitor Villa-Lobos (1887–1959) war ein brasilianischer Komponist und Dirigent.

80,27 **Fliegende Festung:** Bomberflugzeuge des Typs Boeing B-17 der amerikanischen Luftstreitkräfte, die auch mit schweren Beschädigungen noch flugtauglich blieben.

82,27 **total:** Hier bezieht sich das Adjektiv vor allem auf die sogenannte Sportpalastrede von Propagandaminister Joseph Goebbels aus dem Jahre 1943 (»Wollt Ihr den totalen Krieg?«).

99,16 **unabkömmlich gestellt:** Diverse Fachkräfte der Kriegswirtschaft oder der Verwaltung mussten (befristet)

---

84 Interview Geiger/Feuchert (s. Anm. 12), S. 6.

9. Wort- und Sacherläuterungen

keinen Wehrdienst ableisten oder wurden aus diesem entlassen, wenn sie kriegswichtige Arbeit in zivilen Berufen verrichteten.

99,18 **Betriebsobmann:** Ein Funktionär der Deutschen Arbeitsfront (DAF) und Vertreter des Ortsgruppenleiters der NSDAP in einem Betrieb, der in erster Linie dazu da war, die weltanschauliche Ausrichtung im Sinne der Partei zu gewährleisten. Er war nicht das, was man heute unter einem Betriebsrat versteht – die traditionellen Gewerkschaften waren 1933 verboten und durch die DAF ersetzt worden.

101,7 f. **Trimesterzeugnis:** Das Schuljahr war in Trimester geteilt, nicht in Halbjahre. Zwischenzeugnisse gab es nach dem 1. und dem 2. Trimester.

102,7 **Viel Lärm um Nixi:** Filmkomödie von 1942. Der Titel spielt auf William Shakespeares Stück *Viel Lärm um nichts* an.

103,4 f. **Frühling in Wien:** Populäres Lied aus dem Film *Tanz mit dem Kaiser* (1941), gesungen von Marika Rökk (1913–2004).

103,28 **Tarockieren:** Unter Tarock wird eine ganze Reihe von Kartenspielen zusammengefasst, die alle ähnliche Elemente haben.

105,17 f. **an einem Tag im Frühling:** Titel eines von Renate Müller (1906–1937) gesungenen Liedes, das durch den Film *Viktor und Viktoria* (1933) Berühmtheit erlangte und dessen Titel zum geflügelten Wort wurde.

106,18 **Fadität:** jugendsprachlicher Ausdruck für Langeweile.

107,9 **Paninkas:** auch Panenka, bedeutet im Russischen ›Mädchen‹, veralteter Ausdruck.

107,12 **Bolschewistin:** Eigentlich Bezeichnung für eine Anhängerin einer bestimmten Ausrichtung des Marxismus.

9. Wort- und Sacherläuterungen

Der Begriff wurde allerdings vor allem durch die Nationalsozialisten zum Kampfbegriff, der alle Kommunisten (und andere ihrer Gegner) abwertend bezeichnete, oft auch antisemitisch aufgeladen.

111,3 f. **weiterer Vorname:** Im August 1938 legten die Nationalsozialisten fest, dass jüdische Deutsche, sofern sie nicht schon einen Vornamen trugen, der als ›typisch jüdisch‹ angesehen wurde, einen solchen zweiten Vornamen als Erkennungszeichen bekommen sollten. Ab dem 1. Januar 1939 traten als zweite Vornamen deshalb für viele jüdische Menschen Israel bzw. Sara hinzu.

111,20 **Dorotheum:** ein Auktionshaus mit Sitz in Wien.

112,13 **Konsignation:** hier: Warenübergabe.

112,24 f. **Ausräuchern:** mit Gas oder Rauch Ungeziefer vernichten. Hier ist die Ausräucherung auch ein Akt der Erniedrigung, da die neue Wohnungsbesitzerin implizit unterstellt, dass von Juden bewohnte Räume prinzipiell von Ungeziefer befallen sind.

113,4–7 **Geburtstagswünsche ... gratuliert wurde:** Dazu Arno Geiger: »Das sind verabredete Codes, Geheimcodes, die für Uneingeweihte (etwaige Zensur) nicht entschlüsselbar sein sollen. Mutmaßlich hat es mit Auswanderungsplänen zu tun (Mayflower = USA). Ganz grundsätzlich: Bei Oskar Meyer in der Anfangspassage tritt es am stärksten hervor, der Text ist an jemand Eingeweihten gerichtet (Jeannette). Es ist mir wichtig, dass die Leserinnen und Leser keine Eingeweihten sind. Wir Nachgeborenen bleiben bis zu einem gewissen Grad uneingeweiht, außenstehend.«[85]

---

85 Interview Geiger/Feuchert (s. Anm. 12), S. 6.

9. Wort- und Sacherläuterungen

114,19 **Affidavit:** Bürgschaft eines Bürgers des Aufnahmelandes für einen Einwanderer.

115,6 **St. Louis:** Das 1929 in Dienst gestellte Passagierschiff geriet 1939 weltweit mit seiner Irrfahrt in die Schlagzeilen: Mit über 900 jüdischen Passagieren an Bord war das Schiff in Hamburg aufgebrochen, um den Menschen die Ausreise nach Kuba zu ermöglichen. Dort angekommen, wurden aber letztlich nur 29 Passagiere an Land gelassen, weil sich die Visabestimmungen geändert hatten. Die *St. Louis* steuerte danach erfolglos die USA und Kanada an und musste schließlich nach Europa zurückkehren. Erst in letzter Minute erklärten sich Belgien, die Niederlande, Frankreich und Großbritannien dazu bereit, die Flüchtlinge aufzunehmen. Durch den Zweiten Weltkrieg gerieten viele der so Geretteten wieder in den Herrschaftsbereich der Nationalsozialisten, weswegen wohl über 250 ehemalige Passagiere der *St. Louis* im Holocaust getötet wurden.

115,24 **Kultusgemeinde:** Die Israelitische Kultusgemeinde Wien – so ihr offizieller Name – wurde nach dem ›Anschluss‹ Österreichs 1938 geschlossen und als Jüdische Gemeinde Wien wiedereröffnet. Diese Einrichtung musste unter Zwang den Nationalsozialisten bei der Emigration und später auch Deportation der Wiener Juden helfen.

117,26 **Fluchtsteuer:** Unter den Nationalsozialisten wurde die mehrfach verschärfte Steuer dazu genutzt, Juden, die sich eine Flucht leisten konnten, teilzuenteignen. Erst 1941 wurde die Auswanderung ganz verboten.

118,26 **Hlatikulu:** Die Stadt liegt im heutigen Königreich Eswatini in Afrika (damals Swasiland), zur Zeit des Romangeschehens britisches Protektorat.

119,15 **Thora:** Der erste Teil der hebräischen Bibel. Die Thora

9. Wort- und Sacherläuterungen

entspricht den fünf Büchern Mose in der christlichen Bibel.

120,8 f. **Zentralstelle für jüdische Auswanderung:** Die im August 1938 eingerichtete SS-Dienststelle organisierte die zwangsweise Emigration österreichischer Juden und ab 1939 auch deren Deportation.

121,2 **Goldküste:** historische Bezeichnung für die Küste im heutigen Ghana.

122,6 **Quoten gesperrt:** Trotz des zunehmenden Terrors gegen die Juden in Deutschland nahmen die USA nur etwas mehr als 27 000 Deutsche pro Jahr auf.

123,22 **die Frage:** Gemeint ist die ›Judenfrage‹: Nach der Mitte des 19. Jahrhunderts bemächtigten sich Judengegner dieses Wortes, um mit ihm anzudeuten, es handle sich um Probleme, die die Juden verursachten und die ›gelöst‹ werden müssten. Im Nationalsozialismus wurde die Phrase ›Endlösung der Judenfrage‹ zur Deckformulierung für den Holocaust.

131,13 f. **So bleibe denn die Sonne mir im Rücken:** Aus dem ersten Akt von *Faust. Der Tragödie zweiter Teil* (1832). Es ist Faust selbst, der diese Zeile spricht.

131,16 f. **aus Hessen sei:** Die Darmstädterin (Margot) bezieht sich hier darauf, dass auch Goethe, der Verfasser des *Faust*, aus Hessen stammte: Er wurde 1749 in Frankfurt geboren. Allerdings darf stark bezweifelt werden, dass Goethe sich als Hesse empfunden hätte.

135,10 **Generalgouvernement:** Nach der Besetzung Polens wurden einige Teile des Landes direkt dem Reich angegliedert und der Rest im Generalgouvernement zusammengefasst und von Krakau aus verwaltet. Nach dem Überfall auf die Sowjetunion 1941 wurde auch der vorher sowjetische Distrikt Galizien in das Generalgouvernement einge-

9. Wort- und Sacherläuterungen

gliedert. Die deutschen Machthaber errichteten im gesamten Generalgouvernement ein Schreckensregime.

137,8 f. **Heldengedenktag:** 1934 benannten die Nationalsozialisten den in der Weimarer Republik eingeführten Volkstrauertag in Heldengedenktag um und änderten den Charakter des Feiertags.

137,13 **Tag der Wehrmacht:** Am Tag der Wehrmacht, der in den März fiel, wurde nicht nur die Wehrmacht gefeiert, sondern das Kriegswinterhilfswerk sammelte auch Spenden.

137,20 **Volksgemeinschaft:** Im 19. Jahrhundert entstandene völkische Idee, dass das Volk seine Klassenkämpfe und Konflikte hinter sich lässt und als rassisch geschlossene, homogene Gemeinschaft agiert. Im Nationalsozialismus ein Schlüsselbegriff.

147,25 **Pervitin:** Markenname der Firma Temmler für das seit den 1930er Jahren synthetisch hergestellte Methamphetamin, das eine (stark) aufputschende und euphorisierende Wirkung hat. Das Mittel wurde als Medikament eingesetzt, im Zweiten Weltkrieg diente es aber vor allem dazu, die Soldaten der Wehrmacht leistungsfähiger zu machen.

151,11 **Tuberkulose:** Bakteriell verursachte Erkrankung, die beim Menschen hauptsächlich die Lunge befällt. Erst durch die Therapie mit einem Antibiotikum, die ab 1943 möglich wurde, ist die Tuberkulose aktiv behandelbar.

155,23 f. **An dem Tag, an dem der Fall Tarnopols gemeldet worden war:** Die ukrainische Stadt wurde 1944 zum ›Festen Platz‹ (Festung) erklärt und sollte nach dem Willen Hitlers unter allen Umständen gehalten werden. Am 16. April 1944 gelang es aber nur 55 der ursprünglich 4600 deutschen Soldaten, aus der fast vollständig zerstörten Stadt zu den deutschen Linien zurückzukehren.

157,9 **unwohl geworden sei:** ihre Periode bekommen hat.

9. Wort- und Sacherläuterungen

170,26 F.geburtstag: Der Geburtstag des ›Führers‹ Adolf Hitler wurde jedes Jahr am 20. April begangen.

172,19 Oberstammführer: Ein hoher Rang in der Hitler-Jugend, einem Oberstleutnant in der Wehrmacht vergleichbar.

198,3 Die Bauernhochzeit: Das berühmte Gemälde von Pieter Bruegel dem Älteren entstand 1567/68.

202,26 f. Shirley Temple: US-amerikanische Schauspielerin (1928–2014), die vor allem ein weltweit erfolgreicher Kinderstar war.

216,20 Aspirin rauchen: unter Heim- und Schulkindern damals ein Geheimtipp, um kurzfristig Fieber zu bekommen.

219,1 Anschluss: Am 13. März 1938 wurde Österreich an das Deutsche Reich administrativ durch das *Gesetz über die Wiedervereinigung Österreichs mit dem Deutschen Reich* ›angeschlossen‹.

222,6 Schwindsüchtigen: umgangssprachlich für an Tuberkulose Erkrankte.

232,17 Horchern: Die Flak-Helfer, die die sogenannten Richtungshörer bedienten, konnten durch ihre Peilungen relativ exakt die Positionen herannahender Flugzeuge bestimmen.

242,15 Buerlecithin: Das Stärkungsmittel wird bis heute bei Erschöpfungszuständen angewendet. Die Wirksamkeit ist aber umstritten.

244,9 f. Dorfschwalben: *Dorfschwalben aus Österreich* ist ein bis heute populärer Walzer von Josef Strauss (1827–1870) aus dem Jahr 1864.

248,7 f. Baden-Powell-Scouts: Robert Stephenson Smyth Baden-Powell (1857–1941) war ein britischer Offizier und Gründer der Pfadfinderbewegung.

250,25 Einmarsch der Deutschen in Ungarn: Am 19. März 1944 besetzten deutsche Truppen Ungarn. Eine Begrün-

9. Wort- und Sacherläuterungen

dung für den Einmarsch war die angeblich zu zögerliche Handhabung der ›Endlösung der Judenfrage‹ durch die ungarische Regierung. Nach der Besetzung Ungarns setzte die massive Verfolgung der Juden sofort ein, im Mai begannen die Deportationen nach Auschwitz, wo vermutlich insgesamt 424 000 ungarische Juden getötet wurden.

251,3 **Pengő:** von 1927 bis 1946 die ungarische Währung.

252,27 **Chassiden:** Unter Chassidismus versteht man verschiedene jüdische Reformbewegungen, denen die strenge Einhaltung religiöser Regeln, ein hoher moralischer Anspruch und das Gefühl einer besonderen Gottesnähe gemeinsam ist.

255,11 **Lavoir:** österreichischer Ausdruck für kleines Waschbecken zur Körperpflege.

256,27 **Bumbumbum-bum:** Das Erkennungszeichen des Deutschen Dienstes der britischen Rundfunkanstalt BBC war der erste Akkord aus Beethovens 5. Sinfonie. Ihm folgte die dreimalige Wiederholung des Satzes »Hier ist England«. Die BBC hatte 1938 mit Sendungen in deutscher Sprache angefangen, im Krieg waren ihre Sendungen für viele Deutsche die einzige seriöse Informationsquelle – allerdings war das Hören von sogenannten Feindsendern bei Todesstrafe verboten.

258,14 **Tscholent:** ein traditionelles Eintopfgericht der jüdischen Küche, das v. a. mittags am Sabbat gegessen wird.

263,8 **Dalles:** umgangssprachlich für ›Unwohlsein‹, ›Erkältung‹.

264,1 **Lebenszeichenkarte:** Nach Bombenangriffen konnten Betroffene Vordrucke ausfüllen, auf denen sie in maximal zehn Wörtern ein Lebenszeichen – vor allem an Soldaten – versenden konnten. Die Karten wurden als Eilpost befördert.

9. Wort- und Sacherläuterungen

265,29 **22 000 Tote:** In der Nacht vom 11. auf den 12. September 1944 griffen britische Bomberverbände Darmstadt an. Bei dem Angriff wurden wohl 11 500 Menschen getötet, darunter sehr viele Kinder (rund 20 Prozent). 99 % der Innenstadt waren zerstört, knapp 80 % der gesamten Bausubstanz Darmstadts.

273,4 f. **Du bist verrückt, mein Kind, du musst nach Berlin!:** Zeile aus einem bekannten Gassenhauer, der zur Melodie eines Marsches von Franz von Suppè (1819–1895) gesungen wurde.

281,17 **Hörner aufgesetzt:** Die Geste und eine entsprechende sehr alte Redewendung bedeuten, dass ein Mann von seiner Ehefrau mit einem anderen Mann betrogen wird.

283,7 **Schaffel:** österreichisch für ›kleiner Bottich‹.

285,1 **Warschauer Aufstands:** Vom 1. August bis zum 2. Oktober 1944 kämpften Verbände der Polnischen Heimatarmee gegen die deutschen Truppen. Erst nach 63 Tagen mussten sich die Freiheitskämpfer der deutschen Übermacht ergeben, auch weil die Rote Armee, die bereits ganz in der Nähe war, ihnen nicht zur Hilfe kam. Die Deutschen zerstörten Warschau fast komplett und begingen unzählige Morde an der Zivilbevölkerung.

285,1 f. **Frontwechsel Rumäniens:** Rumänien gehörte nach der Besetzung des Landes durch deutsche Truppen 1939 zu den Verbündeten des Deutschen Reichs. Doch ein Putsch sorgte 1944 dafür, dass Rumänien am 25. August Deutschland den Krieg erklärte und schließlich an der Seite der Roten Armee gegen die Wehrmacht kämpfte.

287,1–3 **es ist nichts schwerer zu ertragen als eine Reihe von glücklichen Tagen:** leicht abgewandelte Zeile aus einem Gedicht Goethes (1815).

289,19 f. **Vergeltungswaffe:** Die Vergeltungswaffen (kurz:

9. Wort- und Sacherläuterungen

V-Waffen) waren wenig präzise und daher strategisch von geringer Bedeutung, allerdings richteten sie in der Endphase des Krieges auch erhebliche Schäden an und töteten zahlreiche Menschen.

295,8 **Umwertung der Werte:** Die Formulierung geht auf Friedrich Nietzsche (1844–1900) zurück. Hier wird sie aber in entgegengesetztem Sinne zu Nietzsches Philosophie gebraucht und meint die radikale Abwendung der Nationalsozialisten von Toleranz und Empathie mit dem Schwächeren.

297,22 **vier Freiheiten:** Anspielung auf eine Rede des amerikanischen Präsidenten Franklin D. Roosevelts vom Januar 1941, die später auch eine wichtige Rolle bei der Formulierung der Menschenrechte spielen sollte. Die vier Freiheiten sind nach Roosevelt die Redefreiheit, die Religionsfreiheit, die Freiheit von Not und die Freiheit von Furcht.

305,1 **Polzers Leitfaden der Tatbestandsaufnahme:** Der von Wilhelm Polzer 1921 in dritter Auflage vorgelegte Leitfaden war ein Standardwerk der damaligen Kriminalistik.

310,1 **Volkssturm:** Am 25. September 1944 erließ Hitler die Pflicht für alle waffenfähigen Männer im Alter von 16 bis 60 Jahren, die bis dahin nicht anderweitig durch die Wehrpflicht erfasst worden waren, sich zum Volkssturm zu melden und in dieser militärischen Formation bei der Verteidigung des Deutschen Reichs zu kämpfen.

310,5 **wehrunwürdig:** Als ›wehrunwürdig‹ galten vorbestrafte und ›nichtarische‹ Männer.

311,4 **Salzburg angegriffen:** Am 16. Oktober 1944 wurde Salzburg erstmals massiv aus der Luft angegriffen, 245 Menschen starben bei dieser Attacke.

315,9 f. **Tschicksammler:** ›Tschick‹ ist ein vor allem in Wien verbreiteter Ausdruck für ›Zigarettenkippen‹.

9. Wort- und Sacherläuterungen

319,20 **Privatdozent:** Ein Titel an Hochschulen, der habilitierten, d. h. zu einer Professur befähigten, Wissenschaftlern verliehen wird, die aber keine Professur innehaben.

321,30 **Mauthausen, Ebensee, Zipf:** Das Konzentrationslager Mauthausen bei Linz war das größte KZ im damaligen Österreich. Über 100 000 Menschen kamen hier ums Leben. Ebensee und Zipf waren Nebenlager.

324,5 **Leni-Riefenstahl-Choreografie:** Die Filmregisseurin und Schauspielerin (1902–2003) gilt als eine der umstrittensten Persönlichkeiten der Filmgeschichte, weil sie Adolf Hitler und den Nationalsozialismus mit filmischen Mitteln überaus wirkungsvoll in Szene setzte.

324,29 **Die Goldene Stadt:** Deutscher Propagandaspielfilm aus dem Jahre 1942 unter der Regie Veit Harlans (1899–1964).

326,4 **Ich hatt' einen Kameraden:** Der Text des Soldatenliedes, das bis heute zeremoniell genutzt wird, stammt von Ludwig Uhland (1787–1862), die Melodie von Friedrich Silcher (1789–1860).

337,25 f. **Mozartstraße:** Im Linzer Polizeipräsidium in der Mozartstraße 6–10 waren männliche Regimegegner inhaftiert.

337,30 **Gobineau:** Arthur de Gobineau (1816–1862) war ein französischer Diplomat und Schriftsteller, der mit seinem Werk *Versuch über die Ungleichheit der Menschenrassen* (1853–55) als einer der Begründer des rassistischen Denkens gilt.

341,6 **Federcorona:** eine Sonne aus Federn, oft als Kopfschmuck getragen.

341,17 **Zellenabend:** Eine NSDAP-Ortsgruppe bestand aus acht Zellen, die wiederum aus vier bis acht Blocks (mit jeweils 40–60 Haushalten) gebildet wurden.

9. Wort- und Sacherläuterungen

341,26 **slowaken-deutsche Flüchtlinge:** Rund 130 000 Deutsche lebten 1944/45 in der Slowakei, etwa 100 000 davon verließen durch Evakuierung und Flucht bis zum Kriegsende das Land Richtung Westen.

344,14 **Donauschwaben:** Der Begriff bezeichnet deutsche Einwanderer, die zwischen dem Ende des 17. und der Mitte des 19. Jahrhunderts im Königreich Ungarn an der Donau siedelten.

347,10 **... schlafe in himmlischer Ruh:** Das bekannte Weihnachtslied *Stille Nacht, heilige Nacht* hatte 1818 in einer Kirche im etwa 40 Kilometer von Mondsee entfernten Oberndorf Premiere.

349,27 f. **Gedenktag für die Gefallenen der Bewegung:** Am 9. November wurde jährlich an die getöteten Mitverschwörer beim versuchten Hitler-Putsch des Jahres 1923 erinnert. Ab 1939 war der Tag ein gesetzlicher Feiertag.

353,27 **Juchhe:** hier: ein entfernter, nicht einsehbarer Platz in einem Haus.

358,1 **Perchten:** eine gehörnte Gestalt des bayerisch-österreichischen Brauchtums.

366,11 **Evelyn Künneke:** Künneke (1921–2001) war eine populäre Sängerin, Tänzerin und Schauspielerin. 1944 geriet sie mit den Nationalsozialisten in Konflikt und saß sogar kurzzeitig in Haft.

384,2 **General Schubert:** Seit 1943 war General Albrecht Schubert (1886–1966) Befehlshaber des Wehrkreises XVII (Wien).

384,11 **Hainburg:** Durch Hainburg wurden ungarische Juden 1945 auf einem Todesmarsch getrieben, die am Bau des Südostwalls mitwirken mussten, jener (im Wesentlichen nutzlosen) Verteidigungsanlage an der südöstlichen Grenze des damaligen Deutschen Reichs. Für die Zwangsarbeiter waren die Bedingungen menschenunwürdig, zigtausende starben.

389,25 f. **immer derselbe Fluss und immer anderes Wasser:** Anspielung auf Heraklits (um 520 v. Chr. – um 460 v. Chr.) Satz »Man kann nicht zweimal in denselben Fluss steigen.« Damit drückte der Vorsokratiker aus, dass alles in Bewegung ist, nichts gleich bleibt.

393,5 **»F. befiehl, wir folgen dir!«:** Die Zeile – natürlich mit dem ausgeschriebenen Wort ›Führer‹ – stammt aus dem Propagandalied *Von Finnland bis zum Schwarzen Meer*, das Reichspropagandaminister Joseph Goebbels (1897–1945) anlässlich des Russlandfeldzuges 1941 in Auftrag gegeben hatte. Der Satz wurde zur stehenden Wendung.

396,4 **Nacktkultur à la Lobau:** Die Lobau ist ein Auengebiet nahe Wiens, wo sich Anfang des 20. Jahrhunderts ein Treffpunkt für ›Nacktkultur‹ entwickelte.

397,3 f. **in illegaler Zeit:** 1933 wurde die NSDAP in Österreich verboten, was aber nicht hieß, dass die Partei und ihre Mitglieder nicht weiter aktiv blieben.

397,24 **Schrammeln:** Wiener Volksmusik, die nach den Brüdern Johann und Josef Schrammel benannt ist.

399,14 **Admiral Horthy … Szálasi:** Miklós Horthy (1868–1957) war ein österreichisch-ungarischer Admiral und ungarischer Politiker, der zwischen 1920 und 1944 als Reichsverweser Staatsoberhaupt im Königreich Ungarn war. Horthy war an antisemtischen Gesetzen beteiligt, verweigerte allerdings die vom Deutschen Reich verlangte Auslieferung der ungarischen Juden. Erst nach dem Einmarsch der Deutschen änderte sich das vorübergehend, bevor Horthy auch die Deportationen nach Auschwitz stoppen ließ. Als er 1944 Friedensverhandlungen mit der Roten Armee aufnahm, wurde er mit deutscher Hilfe

9. Wort- und Sacherläuterungen

gestürzt und durch den Vorsitzenden der faschistischen Pfeilkreuzler-Partei, Ferenc Szálasi (1897–1946), ersetzt. Szálasi nahm die Deportationen nach Auschwitz wieder auf und ließ auch in Budapest zahllose Juden ermorden. Er wurde 1946 als Kriegsverbrecher hingerichtet.

400,2 **Pfeilkreuzlerbanden:** Die faschistische Pfeilkreuzlerpartei wurde 1939 gegründet. 1944 übernahm sie mit deutscher Hilfe die Macht im noch nicht von der Roten Armee besetzten Rest-Ungarn und errichtete ein Gewaltregime.

402,3 **Zsidó-Leuten:** ›Zsidó‹ ist ungarisch für ›Jude‹.

406,13 **pestseitigen:** Budapest ist eine Doppelstadt und besteht aus Buda und Pest. Pest liegt auf der östlichen Seite der Donau.

408,18 **Va'adah:** jüdisches Hilfs- und Rettungskomitee in Budapest.

411,8 f. **Aufschlagfarbe ... Deutschmeister:** An der Aufschlagfarbe einer Uniform kann man die Regimenter der gleichen Waffengattung unterscheiden. Die des populären, jahrhundertealten Deutschmeister-Infanterieregiments war blau.

420,14 **Frau Hofrat:** ›Hofrat‹ ist bis heute in Österreich ein gebräuchlicher Amts- und Ehrentitel. Früher wurde auch die Ehefrau mit dem Titel ihres Mannes angesprochen.

424,10 f. **Nahkampfspange:** Die höchste infanteristische Auszeichnung der Wehrmacht. Sie wurde 1942 eingeführt und in drei Stufen (Gold, Silber, Bronze) verliehen.

426,6 **Es geht alles vorüber, es geht alles vorbei:** Titelzeile eines sehr populären ›Durchhalte-Liedes‹, das 1942 entstand und von Lale Andersen (1905–1972) gesungen wurde.

444,5 **Carnuntum:** Ab etwa 70. n. Chr. entstand zum Schutz

9. Wort- und Sacherläuterungen

des Limes im heutigen Niederösterreich ein großes Legionslager und eine dazugehörige Lagerstadt.

444,15 **Selbstbeschwichtigungen:** ironische Bezugnahme auf die *Selbstbetrachtungen* des römischen Kaisers Marc Aurel (121–180), in denen er sich Aufschluss über seine Weltanschauung gibt.

453,13 **im rückwärtigen Heeresgebiet Erschießungen:** Hinter der Front ermordeten die Einsatzgruppen der Sicherheitspolizei und des Sicherheitsdienstes des Reichsführers SS hunderttausende Menschen, alleine in der Sowjetunion wird die Opferzahl auf mindestens 600 000 geschätzt. Darunter waren in der UdSSR und auf dem Balkan nicht nur Juden, sondern auch Sinti und Roma, Kommunisten, Partisanen, Menschen mit Behinderung usw. Die Wehrmacht hatte von diesen Massenmorden nicht nur Kenntnis, ihre Soldaten wirkten z. T. auch an den Exekutionen mit.

453,17 f. **Wjasma Schitomir Winniza:** An allen drei Orten, die damals zur Sowjetunion gehörten, kam es während des Zweiten Weltkriegs zu blutigen Schlachten und zu Kriegsverbrechen der Deutschen. Vor allem in Winniza (Winnyzja) töteten die deutschen Besatzer im April 1942 tausende Juden, darunter viele Kinder.

478,18 **Syphilis im Quartärstadium:** Die Syphilis ist eine chronische Infektionskrankheit, die sexuell übertragen wird. Das Quartärstadium ist die letzte Stufe der Erkrankung, bei der es zu starken neurologischen Ausfällen, Lähmungen etc. kommen kann. In dieses Stadium geraten die Betroffenen etwa zehn bis zwanzig Jahre nach der eigentlichen Infektion.

10. Prüfungsaufgaben mit Lösungshinweisen

Aufgabe 1

> Charakterisieren Sie den Gendarmen Johann Kolbe und erläutern Sie die möglichen Gründe für Veits Entscheidung, den Onkel zu töten. Nehmen Sie Stellung zu diesen möglichen Begründungen.

Lösungshinweise

Um diese Aufgabe bearbeiten zu können, ist es wichtig, sich noch einmal genau anzuschauen, wie sich Veits Darstellungen des Onkels verändern. Zwar erwähnt er von Anfang an dessen Selbstbezogenheit und Gier nach Zigaretten, doch das Bild trübt sich schrittweise immer weiter ein. Nach und nach erkennt Veit nämlich, dass der Onkel seinem Vater in zentralen Dingen ähnlich ist (»Selbstmitleid und Verächtlichkeit«, S. 348) und auch er selbst solche Züge trägt, die er verachtet. In seinem lakaienhaften Opportunismus (S. 169) ist der Onkel einer derjenigen, die das NS-System erst ermöglichen, weil sie nur an sich denken und den übrigen Menschen empathielos begegnen. Da Veit mit dem Brasilianer einen Menschen kennenlernt, der Haltung beweist und sich nicht gleichschalten lässt, ahnt er, dass auch er endlich einen »Schnitt« (S. 365) machen muss, um nicht noch schuldiger am Krieg und den anderen Verbrechen zu werden: Er will sich endlich zur Wehr setzen und nicht mehr einknicken vor den Vertretern dieses Staates, der so viel Leid über die Menschen bringt. Zweimal hat er sich in Mondsee selbst als

10. Prüfungsaufgaben mit Lösungshinweisen

schwach und unterwürfig erlebt (einmal bei der ersten Verhaftung des Brasilianers, S. 176 f.; ein anderes Mal gegenüber dem SS-Mann Dohm, S. 215), das soll ihm nicht noch einmal passieren. Vor dem Hintergrund seiner eigenen Beobachtungen und Einschätzungen erscheint der Mord an seinem Onkel also wenigstens nachvollziehbar. Bewertet man die Tat aber von außen, muss man sich zwei Dinge klarmachen: Zum einen wird der Onkel nur von Veit charakterisiert, nur er ist es, der dem Leser vermittelt, wie Johann Kolbe handelt, sich äußert und vermutlich denkt. Das Bild ist also höchst subjektiv und man muss sich fragen, ob Veit nicht auch auf den Gendarmen verhasste (eigene) Eigenschaften projiziert, die er mit dem Mord auf schreckliche, aber doch auch einfache Weise loszuwerden versucht. War der Onkel wirklich so schlimm und tatsächlich ein so typischer Repräsentant all der Dinge, die Veit so verachtet? Zum anderen bleibt die Frage nach der Angemessenheit der Tat: Hätte es keine Alternativen gegeben? So verständlich Veits (nie wirklich direkt ausgesprochener) Wunsch ist, endlich zu handeln, sich gegen das Regime und Unterstützer, zu denen auch der eigene Vater gehört, zu stellen und selbst für eine Haltung einzustehen: Darf er, darf man dafür töten und ein anderes Leben auslöschen? Ist Veit in einer Notwehrsituation, die ein solches Tun rechtfertigen würde, oder eher nicht?

10. Prüfungsaufgaben mit Lösungshinweisen

Aufgabe 2

Beschreiben Sie genau, welche Erzählinstanzen im Roman die Geschichte vermitteln und wie sie das tun. Erörtern Sie, welche Folgen das hat.

Lösungshinweise

Im Roman kommen vier Ich-Erzähler zu Wort: Veit Kolbe, Lore Neff, Kurt Ritler und Oskar Meyer, dazu tritt ein auktorialer Erzähler, der aber bis zu den »Nachbemerkungen« nur sehr dezent in Erscheinung tritt. Veit Kolbe ist der Erzähler, der die Geschichte am deutlichsten prägt, Lore Neff und Kurt Ritler ergänzen durch ihre Briefe diesen Hauptzählstrang. Oskar Meyer ist am wenigsten mit den Figuren und den Ereignissen in Mondsee verbunden: Seine Briefe und Tagebucheinträge drehen sich vor allem um das Verfolgungsgeschehen, dem er und seine Familie zunächst in Wien und schließlich in Budapest ausgesetzt sind. Und doch erhellt seine Erzählung die der anderen nachhaltig: Er ist eines der zahllosen Opfer des Holocaust, er gehört zu denen, die die anderen nicht wahrnehmen, bei denen sie wegsehen, weil sie deren Schicksal für gerecht und normal halten oder weil sie zu sehr mit dem eigenen Leben und Leiden beschäftigt sind.

Arno Geiger verzichtet in seinem Roman also weitgehend auf eine Erzählinstanz, die alle Ereignisse überblickt und eine geordnete Geschichte erzählen könnte. Stattdessen haben wir es mit vier Erzählern und entsprechend unterschiedlichen Perspektiven zu tun. Diese unterschiedlichen Perspektiven verdeutlichen: Es gibt immer viele Geschichten, viele Versionen, die nebeneinander existieren, sich berühren, sich widersprechen und sich oft nicht zu einem runden Ganzen zusammenfügen lassen. Für den Leser bedeutet das, dass er keine ›objektive‹ Geschichte präsentiert bekommt, sondern immer nur subjektive Ausschnitte. Er muss z. B. ständig überprüfen, ob das, was ihm Veit erzählt, unwidersprochen bleiben kann oder ob es nicht andere Sichtweisen geben könnte: Ist beispielsweise der Onkel wirklich ein so schlechter Mensch, dass er den Tod verdient? Wären nicht Alternativen denkbar, um den Brasilianer zu befreien?

Ganz ohne auktorialen Erzähler kommt der Roman denn aber doch nicht aus: Ganz zum Schluss, in den »Nachbemerkungen« tritt er sichtbar hervor: Er weiß, wie alles weitergeht, er überblickt zumindest Teile der weiteren Biografien der wichtigsten Figuren. Man muss sich diesen Erzähler, der auch »ich« (S. 477, 480) sagt, als eine Art Herausgeber vorstellen: Er hat die Briefe und Tagebücher zusammengetragen, hat sie aneinandermontiert und vereinheitlicht (Schrägstriche; ›F.‹ etc.). Wichtig aber ist: Er ist nicht zu verwechseln mit dem Autor, denn die Briefe und Tagebücher gibt es ja in Wirklichkeit nicht, und auch die Fortsetzungen der Biografien in den »Nachbemerkungen« (S. 477) sind erfunden. Auch dieser fiktive Herausgeber, dieser auktoriale Erzähler ist also Teil des fiktionalen Spiels. Er trägt z. B. ganz wesentlich dazu bei, dass die ›Authentizitätsfiktion‹ (Iris Radisch) funktioniert: Durch ihn erhält man die Illusion, dass die Tagebücher und Briefe echt sind.

10. Prüfungsaufgaben mit Lösungshinweisen

Aufgabe 3

> Oskar Meyer und seine Familie gehören zu den Millionen Opfern des NS-Regimes. Beschreiben Sie, welche konkreten Erfahrungen die Figuren mit dem Terrorsystem machen. Nehmen Sie anschließend Stellung zu Oskar Meyers Satz: »Es soll sich also niemand einbilden, nur Zuschauer zu sein.« (S. 406)

Lösungshinweise

Für diese Aufgabe ist es wichtig, dass man noch einmal sorgsam im Text nachverfolgt, was die Familie um den jüdischen Zahntechniker alles erleiden muss und was genau das mit ihnen macht: vom Verlust der eigenen Wohnung (S. 112 f.) über die Verpflichtung, einen stigmatisierenden zweiten Vornamen anzunehmen (S. 111) und einen Davidstern tragen zu müssen (S. 126), bis hin zu massiver Gewalt (S. 406), die letztlich in Mord endet. Die Familie Meyer erlebt, was Millionen Menschen so oder so ähnlich widerfahren ist. Dabei wird immer wieder deutlich, dass nicht nur aktive Täter zum Leid beitragen, sondern dass es oft die Zuschauer sind, die Gewaltexzesse mit auslösen und ermöglichen. Oskar Meyer formuliert den in der Aufgabenstellung zitierten Satz nicht nur im Hinblick auf konkrete Zuschauer, die einem Verbrechen beiwohnen und nicht eingreifen: Er meint damit überhaupt jene, die Dinge geschehen lassen, die sie eigentlich empören müssten, die sie aber nicht einmal zur Kenntnis nehmen. Und damit spricht Meyer auch uns als Leser an, denn es drängen sich Fragen auf: Wo schauen wir nur zu,

10. Prüfungsaufgaben mit Lösungshinweisen

obwohl wir eigentlich empört sind von dem, was wir sehen? Wo schauen wir sogar bewusst weg, weil wir uns einfach nicht mit dem Leid anderer Menschen beschäftigen wollen? Wo ermutigen wir andere zu Rassismus und Ausgrenzung, weil wir dabeistehen und nur gaffen? Oskar Meyer ist als Figur zu klug und lebenserfahren konstruiert, um nur Vorwürfe zu machen, er weiß natürlich um die grundlegende menschliche Eigenschaft, froh zu sein, wenn Gewalt einen anderen trifft und man selbst verschont bleibt – er beobachtet das schließlich auch an sich selbst (S. 402).[86] Deshalb gewinnt seine Aussage, dass es bei diesen Dingen keine Zuschauer gibt, an Glaubwürdigkeit: Man muss gegen dieses Wegducken, gegen diese Erleichterung, dass nicht man selbst es ist, dem Schlimmes widerfährt, immer wieder aufs Neue angehen. Es ist offenbar in einem erschreckenden Sinne geradezu ›menschlich‹, nicht zu handeln. Vielleicht besteht ein erster Schritt, es besser zu machen, darin, dass man überhaupt beginnt wahrzunehmen, dass und wo genau man sich immer wieder in eine vermeintliche Zuschauerrolle begibt. Nicht zuletzt Veit Kolbe tut das, als er Oskar in Hainburg gegenübersteht (S. 452) – aber auch schon vorher, als er realisiert, wie furchtbar sein Gedanke angesichts des Massenmords hinter der Front war: »Was gehen mich die Juden an?« (S. 453)

---

[86] Veit Kolbe äußert schon recht früh in der Erzählung einen ähnlichen (zynischen) Gedanken, der ihm angesichts der Tatsache kommt, im Gegensatz zu seinem Beifahrer überlebt zu haben: »Das Unglück der anderen macht das eigene Davonkommen gut sichtbar.« (S. 15)

11. Literaturhinweise / Medienempfehlungen

Textausgabe

Geiger, Arno: Unter der Drachenwand. Roman. München: dtv 2019. [Diese Ausgabe ist seitenidentisch mit der 2018 bei Hanser erschienenen Hardcover-Ausgabe.]

Hörbuch

Geiger, Arno: Unter der Drachenwand. Gelesen von Torben Kessler, Michael Quast, Cornelia Niemann und Torsten Flassig: Hamburg: Hörbuch Hamburg 2018.

Zu Arno Geiger und dessen Werk

Braun, Astrid (Hrsg.): Stuttgart liest ein Buch. Nachlese/Rückschau. Stuttgart 2020. [Informative Bilanz zu dem Lesefest, in dessen Mittelpunkt *Unter der Drachenwand* stand.]

Hart, Maribel / Wolter, Alexander: Werkstattgespräch mit Arno Geiger. Der Schwamm ist leer, jedenfalls dort, wo man gedrückt hat. Oldenburg 2008. [Das Gespräch legt zentrale Positionen Geigers frei und führt in seine (frühe) Poetologie ein.]

Nelles, Jürgen: Arno Geiger. In: Munzinger Online / Kritisches Lexikon zur deutschsprachigen Gegenwartsliteratur. Hrsg. von Hermann Korte. www.munzinger.de/document/16000000766 (Stand: 15. 7. 2020). [Der Artikel, der immer wieder aktualisiert wird, versammelt alle wichtigen Stationen des Schaffens von Arno Geiger und listet entscheidende Sekundärtexte auf.]

Rüther, Günther (Hrsg.): Literaturpreis 2011: Arno Geiger. Dokumentation der Verleihung des Literaturpreises der Konrad-Adenauer-Stiftung e. V. an Arno Geiger, Weimar, 18. September 2011. Dokumentation. Sankt Augustin / Berlin [u. a.] 2011. www.kas.de/documents/252038/253252/7_dokument_dok_pdf_29799_1.pdf/c199819b-4856-3219-b796-97f90740ad5a?version=1.0&t=1539657729630 (Stand: 15. 7. 2020). [Die kleine Broschüre versammelt neben einer Laudatio der Journalistin Meike Fessmann auf Arno Geiger auch dessen Dankesrede und ein hoch interessantes Gespräch der beiden über Literatur und ihre Funktion.]

Wichtige Rezensionen zu *Unter der Drachenwand*

In allen wichtigen Feuilletons sind Rezensionen zu *Unter der Drachenwand* erschienen. Die genauen Quellen finden Sie in Kapitel 8 dieses Lektüreschlüssels.

Geschichtliches Grundlagenwerk

Schreiber, Gerhard: Der Zweite Weltkrieg. München 2002. [Sehr gute und sehr kompakte Übersicht über den Krieg, der uns noch immer prägt.]

Internetquellen

www.stuttgarter-schriftstellerhaus.de/stuttgart-liest-ein-buch-2019/ [Webseite des Stuttgarter Lesefestes, das 2019 vollständig dem Roman gewidmet war]
www.youtube.com/watch?v=Q6NsVwVr6zA [Ausführliches Gespräch zwischen Arno Geiger und Michel Ries an-

lässlich der Eröffnung des Stuttgarter Lesefestes 2019 mit vielen Informationen zu *Unter der Drachenwand* und zum Leben Arno Geigers]

www.rudolf-alexander-schroeder-stiftung.de/der-bremer-literaturpreis-2019-geht-an-arno-geiger-foerderpreis-fuer-heinz-helle/ [Dokumentation der Verleihung des Bremer Literaturpreises an Arno Geiger]

www.youtube.com/watch?v=5G7wLdTENq0 [Interessantes Interview von Arno Geiger mit Dennis Scheck zu *Unter der Drachenwand* anlässlich der Leipziger Buchmesse 2018]

12. Zentrale Begriffe und Definitionen

Anachronie: Erzählerische Vermittlung, bei der die Ereignisse nicht in der Reihenfolge präsentiert werden, wie sie geschehen sind (bzw. – in fiktionalen Texten – geschehen sein müssten). Die Anachronie hat unterschiedliche Effekte zur Folge: Sie kann der Spannungserzeugung dienen oder – wie in Geigers Roman – unterschiedliche Wissensstände illustrieren.
➤ S. 95

Antipode: Kommt aus dem Griechischen und bedeutet eigentlich ›Gegenfüßer‹. Hier: Gegenfigur, Gegner.
➤ S. 78

Auktorial: Das Adjektiv ›auktorial‹ leitet sich vom lateinischen *auctor* (›Autor, Urheber‹) ab und ist ein Adjektiv zu ›Autor‹. Es wird aber nicht nur in Bezug auf den realen Autor eines Werkes verwendet, sondern auch, um eine übergeordnete, allwissende Perspektive in literarischen Texten zu beschreiben, wie sie auch in *Unter der Drachenwand* deutlich in den »Nachbemerkungen« (S. 477) hervortritt (vgl. das Konzept des **auktorialen Erzähler**s von Franz K. Stanzel).
➤ S. 7, 44–46, 55, 94, 98 f., 115, 165 f.

Autoritärer Charakter: Das Konzept des ›autoritären Charakters‹ geht auf den Psychiater, Philosophen und Sozialpsychologen Erich Fromm zurück, der es in den 1930er Jahren ausarbeitete. Zu den Grundeigenschaften dieses Persönlichkeitstypus gehören nach Fromm u. a. Rassismus, Unterwürfigkeit gegenüber Autoritäten, Konformität, massive Intoleranz gegen Andersdenkende und Zurückweisung sensibler/künstlerischer Seiten bei sich und anderen.
➤ S. 83

Ich-Erzähler: Ein Ich-Erzähler ist immer auf der Ebene der Figuren präsent, hat keine Einsicht in die Gedanken und Ge-

12. Zentrale Begriffe und Definitionen

fühle der anderen Figuren und kann daher nur subjektiv über die Ereignisse berichten. Von seiner Sicht hängt ab, was der Leser erfährt und was nicht. Das ist bei einer Interpretation immer zu berücksichtigen – ebenso wie die Frage, wie verlässlich der jeweilige Ich-Erzähler ist.

➤ S. 7, 9

Kollektives Gedächtnis: Es gibt nicht nur das individuelle Gedächtnis einzelner Menschen, auch Gruppen von Menschen (etwa Nationen) schaffen sich ein gemeinsames, ein kollektives Gedächtnis, indem sie verschiedene Erinnerungszeichen setzen: etwa durch Ausstellungen in Museen, Straßennamen, Denkmäler, aber auch durch Texte, die im schulischen Kontext vermittelt werden. Solange noch Menschen leben, die an der erinnerten Periode teilgenommen haben, spricht man auch vom ›kommunikativen Gedächtnis‹, gibt es keine Zeitzeugen mehr, vom ›kulturellen Gedächtnis‹. Gegenwärtig gehen die Erinnerungen an die Zeit des Zweiten Weltkriegs und des Holocaust vom kommunikativen in das kulturelle Gedächtnis über.

➤ S. 104

Kontrastfigur: eine Figur, die so gegensätzlich zu einer anderen Figur angelegt ist, dass die jeweiligen Eigenschaften besonders hervortreten. Das Gegenteil davon ist eine Komplementärfigur.

➤ S. 45, 52, 55, 75, 89

medias in res: lat. ›mitten in die Sache‹, bezeichnet den Beginn eines Textes ›mitten im Geschehen‹, ohne vorherige Erklärung. Das Gegenteil wäre ein Beginn *ab ovo* (lat. ›aus dem Ei‹).

➤ S. 12, 99

Stunde Null: Das Schlagwort bezieht sich auf die Zeit unmittelbar nach Kriegsende und suggeriert, das Leben werde quasi neu gestartet. Diese Vorstellung ist aber in mehrfacher Hin-

12. Zentrale Begriffe und Definitionen

sicht sehr irreführend: Wie gerade Geigers Roman eindrucksvoll zeigt, haben die Menschen durch ihre Kriegserlebnisse, ihre Erfahrungen mit Gewalt und Verfolgung im Dritten Reich ein schweres seelisches Gepäck, das sie mit in die neue Zeit nehmen. Traumata vergehen ja nicht einfach. Naiv ist die Vorstellung von der Stunde Null auch in politischer Hinsicht: Natürlich waren Faschismus und Antisemitismus nicht plötzlich weg, selbstverständlich blieben rassistische Weltbilder, die bei den meisten Deutschen vorherrschten, erst einmal bestehen: Die Menschen begannen ihr Leben nicht neu und bei null, sie lebten weiter – wenn auch unter neuen Bedingungen.
➤ S. 129

Zeitraffendes Erzählen: Beim zeitraffenden Erzählen ist die **erzählte Zeit** (also die Zeit, die in einer Erzählung vergeht) immer länger als die Erzählzeit (die Zeit, die man braucht, um eine Geschichte zu erzählen bzw. sie zu rezipieren). Ist das Verhältnis umgekehrt, spricht man von **zeitdehnendem Erzählen**, sind beide annähernd gleich (etwa bei Dialogen), spricht man von **zeitdeckendem Erzählen**.
➤ S. 94

Reclam Kompaktwissen **XL**

Alain Ottiker:
Filme analysieren und
interpretieren

Alles, was man wissen muss:

- Analyse des Narrativen: Dramaturgie, Erzählelemente, Montage
- Analyse des Visuellen: Szene, Kameraführung, Effekte
- Analyse des Auditiven: Musik, Geräusche, Sprache
- Wie interpretiere ich einen Film?

Mit zahlreichen Filmbeispielen, Schaubildern und vierfarbigen Szenenfotos

Reclam   www.reclam.de